河北省教育厅人文社会科学研究重大课题攻关项目（ZD201915）

2021年度河北金融学院学术著作出版基金项目

河北金融学院德融研究院资助项目

U0666947

京津冀

高质量协同发展：

历史演进、现状研判、未来思考

阎东彬◎著

经济管理出版社
ECONOMY & MANAGEMENT PUBLISHING HOUSE

图书在版编目（CIP）数据

京津冀高质量协同发展：历史演进、现状研判、未来思考/阎东彬著. —北京：经济管理出版社，2021.7

ISBN 978 - 7 - 5096 - 8174 - 9

Ⅰ.①京… Ⅱ.①阎… Ⅲ.①区域经济发展—协调发展—研究—华北地区 Ⅳ.①F127.2

中国版本图书馆 CIP 数据核字（2021）第 148882 号

组稿编辑：魏晨红
责任编辑：魏晨红
责任印制：黄章平
责任校对：张晓燕

出版发行：经济管理出版社
　　　　　（北京市海淀区北蜂窝 8 号中雅大厦 A 座 11 层　100038）
网　　址：www.E－mp.com.cn
电　　话：（010）51915602
印　　刷：北京市海淀区唐家岭福利印刷厂
经　　销：新华书店
开　　本：720mm×1000mm/16
印　　张：12
字　　数：170 千字
版　　次：2021 年 12 月第 1 版　　2021 年 12 月第 1 次印刷
书　　号：ISBN 978 - 7 - 5096 - 8174 - 9
定　　价：68.00 元

目　录

第一章 京津冀协同发展的国家战略

2014 年 2 月 26 日，习近平总书记参加京津冀三地协同发展的工作汇报会，提升了京津冀协同发展的战略地位，开启了新的国家级发展战略的序幕。京津冀协同发展作为一项重大国家战略，是实现区域协调发展的大势所趋，其出发点和落脚点是解决北京"大城市病"问题，为全国及全世界治理"大城市病"提供"中国方案"。

城市群作为我国新型城镇化加速发展阶段的产物，已经逐渐成为区域经济发展的原动力和未来城市发展格局的主体形态，世界级城市群在优化空间布局和集聚生产要素方面发挥了积极的作用。《京津冀协同发展规划纲要》明确提出，重点打造"以首都为核心的世界级城市群、区域整体协同发展改革引领区、全国创新驱动经济增长新引擎、生态修复环境改善示范区"。京津冀协同发展要以打造京津冀城市群为世界级城市群的建设目标为载体，京津冀城市群是我国重要的人口集聚区和经济增长极，是未来打造世界级城市群、创新型首都经济圈、贯彻国家发展战略的需要。但是，京津冀协同发展是一个漫长的各方利益博弈过程，因此要坚持协同发展、重点突破、扎实有序推进，以探索高质量协同发展的新路径。

党的十九大报告阐明，我国经济由高速增长阶段转向高质量发展阶段，高质量发展要求深入贯彻五大新发展理念，加快进入高质量协同发展的"快车道"。城市群和都市圈成为引领经济高质量发展的新高地，无论是落实中央的战略定位，还是扛起打造世界级城市群的使命担当，京津冀地区必须要实现高质量发展，以高质量发展的城市群优化区域发展格局，带动整个经济高质量发展。以高质量协同的城市群实现区域经济高质量发展，是京津冀协同发展的突破方向。因此，深入推动京津冀城市群的高质量协同发展迫在眉睫。

历经 7 年的扎实推进，京津冀三地在非首都功能疏解、交通、产业、生态、创新等多个领域取得了重大进展，已从战略谋划阶段进入全面推进重点突破的关键阶段。京津冀协同发展在区域协同发展诸多方面的突破，全面提升了京津冀城市群的发展质量。作为"十四五"的开局之年，京津冀的协同发展质量如何，协同发展的重点领域还存在哪些问题，如何巩固和提高协同发展的优势，如何调整和优化协同发展的薄弱环节，如何深入推动京津冀高质量协同发展、着力提升城市群的整体功能，更好地发挥城市群对激发新动能、塑造竞争力、促进区域协调发展的主要作用，都是我国整体提升城市群发展质量与竞争力的关键所在。因此，系统梳理国内外文献，对京津冀协同发展的背景及战略意义进行系统分析和阐述，明确京津冀协同发展的历史进程，厘清京津冀协同发展的历史渊源是本书的逻辑起点。

第一节　背景及战略意义

党的十九大报告明确指出，以疏解北京非首都功能为"牛鼻子"推动京津冀协同发展。作为我国区域协调发展的一项重要国家战略，历经 7 年的发展，京津冀协同发展不断实现新突破，极大地丰富了习近平新时代中国特色社会主义思想体系；深入推进京津冀协同发展，打造以首都为核心的世界级城市群，极大地丰富了新时期我国应对区域不平衡、不协调问题的实践体系，京津冀协同发展的重大战略意义凸显。京津冀三地拥有独特的地缘优势和协同发展的历史，2014 年 2 月，作为一项重要的国家战略，京津冀协同发展被首次提出。京津冀协同发展必将对三地的优势资源进行有效融合，依托北京市的政治资源优势、天津市的经济发展基础、河北省的资源优势，击破区域合作的藩篱，加强区域协作，打造京津冀协同发展的新优势，构建以首都为核心的世界级城市群，开创京津冀三地协同发展新的历史篇章。

城市群是在经济全球化、信息化与市场化背景下区域经济发展的必然产物，是区域城市化和城市区域化进程中的一种独特的地域空间现象。城市群、都市圈成为我国城市化的重要空间单元，城市群是我国新型城镇化发展的主体形态，强有力地支撑着国家的经济增长，是城市间竞争与合作的重要平台，有利于区域协同发展；而高质量发展背景下，城市群区域的协同发展必定是基于创新、协调、绿色、开放、共享五大发展理念的区域发展。城市群是城市化发展的必然阶段，城市群对激发区域发展新动能、实现区域协调发展具有明显的促进作用。京津冀协同发展要以京津冀城市群的高质量发展为载体，以区域分工、产业布局的优化提升为重点，以资源要素的空间统筹规划利用为主线，以长效体制机制的构建为抓手，实现区域协同发展向广度和深度拓展。我国城市蓬勃、快速与丰富多样的发展，为城市群的研究提供了广阔的空间，而最有价值之处在于城镇化、全球化和信息化的交汇和碰撞正在对我国区域经济的发展产生广泛而深远的影响。

一、京津冀协同发展的理论背景

新常态下，我国经济增长方式由数量型增长转向质量型增长，传统理论研究框架扩展到经济增长部门之间协同作用、动力机制等内容。协同发展备受学术界的关注，区域协同发展实现了从传统区域发展理论到新区域发展理论的转变，已经成为许多国家和地区实现经济社会可持续发展的基础。区域经济协同发展是我国迈向高质量发展新时期的重要内容。区域经济发展不平衡，不同城市之间在管理机制体制、公共基础设施、公共服务方面的区域差异化明显，因此实现区域经济的协同发展，引导空间资源再配置，会影响整个区域经济系统的演化。从协同发展的视角来看，我国经济增长仍有极大潜力可挖。区域之间的协同互动可以优化区域间资源配置，在一定程度上扭转资源错配，优化要素空间配置，为传统经济增长理论提供了新的研究视角。因此，关于区域经济协同发展与经济增长的探讨具有重要的理论意义。由于区域经济系统的复杂性，区域城市化和城市区域化问题凸显，城市群成为我国经济高质量发展的重要推动力量，因此针对城市群区域协同发展进行系统性探讨，可为当前我国特殊经济形势下区域经济增长提供新思路。

二、京津冀协同发展的时代背景

在经济全球化、信息化的时代背景下，我国城镇化水平发展迅速，区域城市化和城市区域化问题凸显，城市群已经成为我国新型城镇化的主体形态，以大城市为核心的城市群积极参与国际竞争，是最具活力和发展潜力的核心地区，肩负着我国未来经济发展的新增长极的重要使命。同时，城市群区域又是人口密集、资源紧张、环境污染、生态承载力不足等问题高度集中的区域，迫切要求促进社会经济发展速度与资源、环境相协调，提高可持续发展能力，实现高质量发展。区域经济的协同发展是新常态下我国经济发展的重要选择，为了实现区域高质量协同发展，就要秉承创新、协调、绿色、开放、共享的发展理念。

（一）城镇化

城镇化是指人口持续向城镇集聚的过程，是当今世界上重要的社会、经济现象之一。城镇化是世界各国工业化进程中必然经历的历史阶段，联合国人居中心的数据显示，我们已经进入一个城市化的世界。目前的城市化问题离不开三个基本的事实：一是全世界的城市化节奏明显加快；二是欠发达地区的城市化发展缓慢；三是大城市的数量及规模迅速扩大，人口和财富迅速向大城市集中，世界级城市群区域发展迅速。改革开放以来，我国城镇化经历了探索发展、快速发展和提质发展的过程。城镇化水平从 1978 年的 17.9% 提高到 2019 年的 60.6%，城镇人口从 1978 年的 1.72 亿增加到 2019 年的 8.48 亿，城市数量从 1978 年的 190 个扩大到 2018 年末的 672 个（国家统计局，2019）。目前，我国城镇化的建设发展已经进入"快车道"，大中小城市和小城镇持续协调发展，城市群格局已经基本形成。随着经济发展进入新常态，城市发展也由此掀开了新篇章。新发展理念被深入贯彻到城市的发展建设中，各级城市的内涵、功能等被准确定位，新型城镇化发展格局不断优化，城镇化发展的路线明晰，京津冀、长三角和粤港澳大湾区三大城市群建设深入持续推进，"19 + 2"的城市群格局基本形成并稳步发展。随着对中心城市和城市群客观把握的不断增强，城市群中心城市的辐射带动作用持续推进并不断完善，同城化趋势日益明显的都市圈大量涌现，城市群带动区域发展新模式不断扩大。2019 年 2 月，《粤港澳大湾区发展规划纲要》给粤港澳大湾区明确定位：建设富有活力和国际影响力的一流湾区和世界级城市群，打造成为区域高质量发展的典范。2019 年 5 月，《长江三角洲区域一体化发展规划纲要》明确指出，打造形成高质量发展的区域集群。城市群已经成为区域经济增长的重要源泉和我国新型城镇化发展的有力支撑。

（二）经济全球化

当今，经济全球化以前所未有的速度在发展，一方面扩大了人们的行动空间和生活空间，另一方面也使全球城市在竞争中形成新的等级结构，城市与区域之间处于动态变动的空间过程，在地域和功能上相互融合、相互包含。经济全球化在一定意义上已经成为世界各国经济发展的重要驱动因素之一，它使商品、资源、要素在全球范围内自由流动，世界经济联系不断强化，城市群成为参与国际合作的基本单元和依托主体。大都市区以大都市为主导，不同等级和职能的城市密切联系，并作为参与全球竞争和国际分工的基本地域单元。我国沿海地区也得到了飞速的发展，呈现出长三角、珠三角等地区经济的繁荣。经济全球化给我国区域经济发展和空间结构优化带来了机遇，我国积极参与经济全球化的进程，城市区域化和区域城市化已经成为普遍的空间表现形式，随着城镇化和经济全球化的加速，我国已经出现了若干具有代表性的大城市群，长江三角洲城市群、珠江三角洲城市群、京津唐城市群、辽中南城市群等高度城市化的区域是我国社会经济发展的中坚力量，且正在积极融入世界城市群体系。城市群在经济全球化进程的影响和冲击下，正经历着区域空间结构的优化，城市群功能空间体在空间上呈现出某种相对稳定的状态。以城市群为特征的全球城市体系的新格局日益形成，并成为全球经济联系的重要单元，国际竞争也演化成了城市群之间分享全球要素资源空间的竞争。随着全球范围内竞争的不断加剧，城市群之间的合理分工、产业协同将决定世界经济格局。

（三）信息化

信息化是新生产力的典型代表，体现为规模庞大、自上而下、有组织的信息网络体系，使社会经济发展和区域空间结构发生极其深刻的变化。信息流是城市流四大网络体系（人流、物流、资金流、信息流）的重要内容，信息技术影响并改变着人类的生产和生活方式，区域的空间联系和互动性加强，区域经济空间结构发生了深刻的变化，实现了由传统中心模式向高端网络化结构模式的演化。城市群内部多功能空间的相互作用呈现出多样性和复杂性的特征，城市之间、产业之间的空间流动加强，产城融合过程相互交织形成空间网络状态，整体的结合构成一种多层面、多维度的关系复合体。城镇化所带来的区域社会经济发展的凝聚动力，在信息技术和信息网络的支撑和推动下，使我国区域城市化和城市区域化进程迈向了区域协同发展的新征程。随着城市群空间结构和组织结构日益复杂，网络化的空间联系和空间结构日益突出，城市群功能空间结构日益优化，我国城镇群进入全新的发展阶段。从一定意义上说，新型城镇化是改革的"抓手"，城市群是新型城镇化的"硬核"，而高质量协同发展就是我国城市群发展的必由之路。

三、京津冀协同发展的政策背景

（一）我国城镇化的方针

改革开放以来，我国的城镇化率从 1978 年的 17.9% 增加到 2019 年的 60.6%，区域城市群和城市区域化现象日益显著，国家城镇化格局与形态发生了深刻的变化。城市群是我国城镇化战略的优先选择，我国城镇化发展方针牢牢把握城镇化健康发展的基本原则。城镇化方针经历了"城市功能抉择—城市规模之争—强调小城镇—协调发展及深化—城市群主体形态—深化新发展理念"的演化。新常态下，随着"创新、协调、绿色、开放、共享"的新发展理念深入人心，城市群作为我国城镇化的主体形态进一步明确，各级规模城市产业协作深入推进。城市群是我国城镇化发展到一定阶段的客观产物，城市群空间结构优化是城市群整体竞争力和高质量发展的重要决定因素。因此，城市群是我国新型城镇化建设的优先路径和政策选择，是经济发展的重要引擎，对经济发展具有巨大的带动作用。打造高水平的城市群，以高质量的城市群推动经济高质量发展关系着我国经济发展的战略全局。

（二）我国城镇化发展的现实特点

改革开放以来，我国的城镇化发展的重要内容是"控制大城市的规模"，坚持大中小城市和小城镇协调发展，以增强综合承载力为重点，以特大城市为依托，以城市群为主体形态，科学规划城市空间布局，强调各个规模城市之间的产业协作。然而，我国城镇化发展的现状却呈现出与城镇化方针背道而驰的特征。"大城市病"严重，突出表现为生态环境恶化、房价居高不下、交通拥堵恶化、水资源匮乏等；同时，特大城市未来人口数量还会持续增加，人口膨胀与资源要素短缺、环境承载力不足等问题日益凸显。京津冀区域基于独特的区位和政治特征，北京人口拥挤、交通拥堵、住房紧张、环境污染等"大城市病"日益严重，迫切需要疏解北京非首都功能，将北京过度集中的资源以及非首都功能进行再分配，实现向区域发展的转变。但京津冀地区的一体化发展水平远低于"长三角""珠三角"等城市群。同时，由于京津冀地区城市群用地紧张、产业协同有待提升，跨区污染严重、水资源匮乏等"城市病"严重，京津冀城市群的综合承载力有待进一步提升。

（三）新常态下我国城镇化发展面临的挑战

新常态是我国发展的重要战略机遇期，城镇化要以经济发展的阶段性特征为基础，创新发展模式和路径，顺应新常态，保持战略上的平常心态。城市群是我国新型城镇化的优先路径和政策选择。新常态下，城镇化如何真正贯彻"创新、协调、绿色、开放、共享"的新发展理念，进一步落实"大中小城市与小城镇协调发展"的格局；如何消除日益严重的"城市病"；如何实现"协同发展、全面发展、可持续发展"的区域一体化目标，这些问题的解决亟待全新的城市群空间组织形式、区域产业协同发展格局和高效的要素空间组织形式。城市群经济发展的主要动力依赖于城市群的分工、协作和竞争，因此，要想更好地贯彻国家的新发展理念，各级规模城市间的产业协作是促进和实现京津冀各领域协同发展的重点。

（四）京津冀发展不平衡的现实情况

京津冀经济发展的地区差异大，不平衡问题突出，城市群的内部产业趋同严重，内部分工不合理，区域没有形成合理的产业梯度，严重制约着城市群的经济发展，对城市群的空间开发秩序和效率也造成了一定的影响。北京作为全国政治、文化、科技创新中心，有着得天独厚的区位、科技、人才、资金等要素，聚集了大量的优质资源，形成了强大的"虹吸"效应，导致北京与周边地区之间产生了巨大的发展鸿沟，还出现了环首都贫困带。随着自身规模的不断发展壮大，"大城市病"凸显，严重影响北京首都核心功能的实现。另外，疏解北京非首都功能还关系到河北和天津的利益。天津市是国家重要的城市，地处环渤海地区的中心，资源比较丰富，但在生产性服务业发展方面还相对落后。在工业方面，北京和天津作为京津冀城市群的核心城市，这两个城市的工业从业人数要远远高于河北省任何一个城市的从业人数。天津市是京津冀城市群中制造业外向功能最高的城市，而河北省的城市中，仅有唐山、廊坊以及石家庄具有少量制造业外向功能，表明河北省经济的整体发展水平与京津还有较大差距。京津冀区域其他城市经济实力相对薄弱，与两大直辖市形成巨大的反差，一方面反映出北京市、天津市对周边地区的带动作用不够，另一方面也决定了周边城市对北京市、天津市的支撑力度不足。

在京津冀区域经济发展过程中，京津两地过于"肥胖"，而河北城市则相对"瘦弱"。河北地区大城市少，城市规模小，发展落后，城镇体系建设滞后，城市规模结构"断档"问题突出。京津冀地区形成了以北京为首的超大城市和特大城市与下级城市经济技术发展水平差距过大的"哑铃"型城市规模结构。这种城市规模结构严重影响了大城市的经济增长能量对中小城市的带动能力，限制了大城市的辐射带动作用，造成了经济要素进一步向北京、天津过度集聚，带来了"大城市病"和贫富差距拉大等问题，从而不利于京津冀协同发展。

"疏解北京非首都功能"是京津冀协同发展的出发点和落脚点。当前，随着我国经济社会的快速发展，城市建设、经济发展和创新能力都实现了重大历史性突破，京津冀作为我国经济增长的第三极，仍然面临着许多矛盾问题，与成熟的世界级城市群的差距非常明显。北京、天津、河北人口加起来有1亿多，面积21.6万平方公里，其规模与世界上几个著名的城市群相当，京津冀三地，地缘相近，人缘相亲，可以实现协同发展；但是，多年来，京津冀地区发展严重失衡，经济发展差异限制了区域的有效协同，阻碍了整体经济效率的提升，并带来了严重的生态环境问题，京津冀协同发展战略正是应对区域经济发展不平衡而提出来的。

四、推进京津冀协同发展的战略意义

京津冀协同发展有利于区域生产力布局的优化升级，实现经济发展的空间结构优化提升。通过培育新的增长动力和增长极，增强对周边地区的辐射带动效应，提供治理"大城市病"的"中国方案"，其重大的理论意义和现实意义

不言而喻。长期以来，京津冀区域深层次的合作缺失，经济增长缺乏联系性和协同性。京津冀区域发展极其不平衡，超大城市与环首都贫困带并存，产业结构有待深入优化，重化工业比重非常大，环境污染严重。京津冀协同发展战略上升为新的国家级发展战略，肩负着我国经济增长的第三极、北方地区发展的驱动力量、经济高质量发展的新引擎、世界级城市群建设目标的四重任务。京津冀协同发展是我国第一个跨省的合作机制，对于区域空间结构优化和可持续协同发展具有重要的现实意义。

（一）打造世界级城市群，提升全球竞争力

打造具有超强国际竞争力的世界级城市群是我国实现创新驱动战略的优先路径。京津冀三地资源的比较优势突出，创新资源密集、创新潜力大，打造具有创新能力和创新特质的世界级城市群的条件齐备。京津冀三地在地理位置、地域文化、区域合作和历史渊源等方面都有密切的联系，京津冀区域的高质量协同发展是我国新时代的经济发展和全面深化改革的重要内容，是带动中国北方乃至全国经济社会可持续发展的题中之义。京津冀协同发展有利于完善产业结构和基础设施，强化城市内部间的联系协作，构建城市网络体系，提高区域城市间发展的联系度和城市发展质量，积极培育新兴产业，推动城市高新技术产业发展，提高产业发展的国际竞争力。京津冀协同发展战略以跨行政区域资源整合和功能协作为主要抓手，通过区域功能布局和产业空间结构的优化提升，提高区域发展水平，提高对全球要素的集聚能力，打造区域新的增长极。

（二）促进区域经济协调发展，推动经济发展格局优化提升

京津冀协同发展旨在从战略高度推动京津冀协同发展共识形成，解决多年存在的区域发展差距大、北京"大城市病"突出和区域雾霾污染严重等问题；统筹协调、层层推进，疏解北京非首都功能，优化区域空间布局，促进区域协调发展。而京津冀三地的产业协同发展是实现区域经济协调发展的核心，优化京津冀区域空间结构是必然选择。京津冀协同发展有利于区域间形成优势互补、良性互动的机制，把握区域经济协调发展规律，优化区域经济发展格局。京津

冀协同发展是对传统区域协调发展战略的创新，可为其他区域的协调发展提供借鉴和示范，为跨省区域协同治理、超大城市功能疏解、城市群功能空间优化、中心—外围协同互动的路径、合理的城镇体系、优化经济发展格局等方面树立典范。

（三）推动区域网络化发展，构建区域创新体系

京津冀协同发展的关键在于"科技协同创新"，依靠科技合作深化区域合作，以创新促进区域协同发展，这对于实现"两个一百年"奋斗目标和中华民族伟大复兴的中国梦具有重大战略意义。京津冀城市群内城市联系较弱，河北的城市间经济联系比较松散。依据牛顿引力模型对各城市间通勤时间进行测算，京津作为京津冀城市群的一级城市，城市间的经济联系度最高；石家庄、唐山、保定、邯郸为城市群的二级城市，二级城市与一级城市的经济联系度仅为一级城市间经济联系度的 0.05 ~ 0.10；其余的三级城市之间的联系度就更低了。强大的"虹吸效应"和辐射能力是城市群区域网络化的显著特点。京津冀协同发展有利于区域内的技术、人才、企业、高校等要素方面的创新，集聚城市群的生产要素资源，推动区域网络化格局的建设，强化城市内部以及城市间在交通、信息以及技术方面的沟通交流，建设新型外部联系通道。通过在空间上的汇聚形成一个良好的创新平台，推动城市群技术成果的转化，形成激发城市群创新的良性循环，推进基础设施建设，优化创新发展平台；通过打造一套完善的人才培养服务体系，充分吸引国内外优质的人才；通过利用创新驱动平台，加快城市群的可持续发展，以此促进城市群规模效应和集聚效应的形成，进而带动城市群周边区域的发展，充分发挥京津冀城市群对周边地区的辐射带动作用，提高区域的整体效应。

综上所述，京津冀地区经济发展实力强劲，作为中国未来最有活力的经济增长极和带动环渤海经济区发展的核心区，实现京津冀协同发展、创新驱动，推进区域发展体制机制创新，是面向未来打造新型首都经济圈、实现国家发展战略、提升区域全球竞争力的需要。京津冀空间协同发展、城镇化健康发展可

为我国城市群地区可持续发展提供范例。实现京津冀协同发展，有利于打造新型首都经济圈、实现区域发展体制机制创新，完善城市群空间布局，是探索高质量发展的有效路径。深入贯彻高质量发展理念，使创新型城市群成为带动国家创新能力提升的重要举措，加快走出一条科学持续的协同发展路子来。

第二节　京津冀协同发展的历史渊源

京津冀三地各具优势与特色。河北省拥有 11 个地级市，具有更多的自然资源优势；天津市历来属于工业集中、交通发达的港口城市；北京市作为首都，已经步入后工业化时代，但资源紧张。近年来，随着京津两地经济持续发展，大量人口涌入北京和天津，造成了交通堵塞、空气污染以及资源紧张等问题。因此，三地应发挥各自的优势，相互配合，坚持以京津冀协同发展为主体，以《京津冀协同发展规划纲要》中对城市群及各个区域的功能做出的明确定位，扎实推进京津冀世界级城市群的建设。党的十九大报告明确指出，我国经济处于高质量发展的新阶段，要牢牢把握供给侧结构性改革的主线，实现经济发展质量、效率、动力三位一体的变革。"协同"可以实现区域资源优化配置，大幅度提升我国经济资源的利用效率，促进经济增长（陆铭，2017）。

一、京津冀合作历程回顾

京津冀三地协同发展的历史由来已久，三地地缘相连，沟通半径适宜，地域间出现过多次的相互融合，三地友好相处，历史渊源深厚，京津冀在东部地区的经济格局中更是占据核心地位。2015 年 4 月，《京津冀协同发展规划纲要》正式发布，对整个城市群在世界级城市群建设和中国城市群建设中的定位给予了明确的界定，对未来中国的区域协调发展战略具有重大的、关键性的影响。

任何一个战略的实施都不是一蹴而就的,京津冀的合作由来已久。

京津冀协同发展自2014年首次提出便迅速上升为国家战略,2014年底,中央经济工作会议提出要统筹实施"四大板块"和"三大支撑带"战略组合,重点实施"一带一路"、京津冀协同发展、长江经济带三大战略,正式拉开了我国新常态下区域经济协同发展战略的序幕。同时,党的十九大明确指出要高起点规划、高标准建设雄安新区,体现了政府顶层规划的协同发展理念。从区域经济协同发展成为新视角,到区域经济协同发展战略的正式出台,均凸显了政府在新常态下谋求区域经济协同发展的战略导引。

(一)中华人民共和国成立以后的京津冀地区行政规划及调整

中华人民共和国成立以后,国家对京津冀地区的行政区划、区域定位、发展方向等做了多次调整,为京津冀区域城市功能的演化奠定了基础;京津冀区域协同发展同时也是经济文化发展的内在要求。从地域规划角度来看,1950~1958年,北京的行政区域不断扩大。1958年3月,经国务院批准,隶属于河北省的通县、房山、大兴、顺义、通州五地划归北京市管辖;同年10月,又将怀柔、延庆、密云、平谷划归北京;至此,北京的市域范围正式形成。北京的城市定位也从政治文化中心变成生产中心,在"五五"期间北京建立了数千家生产企业,涵盖了钢铁、机械、石化、生物医药、纺织和轻工业等行业。天津经济状况相对稳定,作为北部工业中心和商业中心,它创造了多个工业生产首创:第一块手表、第一辆自行车、第一台传真机、第一台彩电、第一辆汽车等。河北与天津之间也曾有过多次的省会变更,直至1968年周恩来总理要求河北省省会定为石家庄,不再变更,天津正式成为直辖市,在此之前,天津曾多次被划为河北省省会。

自1949年中华人民共和国成立至1978年改革开放的28年中,京津冀三地虽然行政分割、地域分割,但并未影响三地间在工业、商业上的合作,产业功能的一体化始终是城市群功能演化的核心驱动力。尤其是天津在1958~1967年作为河北省省会期间,将一批制造、纺织、钢铁、制药等行业的工厂迁出,这一举措为河北省工业的发展奠定了良好的基础，但同时也造成了两地产业的同构。北京在 1958 年规划方案中提出的扩大市域范围，在郊区发展工业的思路，使河北将其多个县域划分给北京，并在这些地区建立了石景山钢铁厂、燕山石化等项目，在一定程度上也造成了北京、天津与河北省的产业趋于雷同。

（二）发起时期（1981～1995 年）

政策对区域发展的强大推动力在京津冀地区协同发展过程中体现得尤其明显。我国国土整治战略自 20 世纪 80 年代中期开始实施，首批试点就包括了京津冀地区，战略要求京津冀地区联合环渤海地区实施区域合作，共同开展基础设施建设，落实产业和人口布局优化，提升区域发展的协调性，此举为后续跨区域合作打下了基础。

改革开放以来，我国的经济体制和经济运行机制发生了重大变革，区域管理机制和区域发展战略政策发生了深刻变化，直接影响和决定了我国区域经济合作的格局，以经济协作区为载体的区域联合组织迅速发展。有学者通过对京津冀经济联合进行理论上的大胆探索，提出了京津唐一体化的思路。1981 年，国土局与国家建委在对全国国土进行规划过程中，提出了"京津唐地区规划"，产生了我国第一个区域经济合作组织——河北经济协作区（由京、津、冀、晋、蒙组成）。此后，全国的区域经济合作的范围开始扩大。

1982 年"首都圈"的概念首次被提出，自此京津冀"都市圈"正式上升为国家层面的战略规划。1984 年编写的《全国城镇体系规划纲要》中，首次以"城市密集区"的概念定义珠三角、长三角、京津唐和辽中南城市群。京津唐地区的空间地域范围涉及两市一省共 9 个城市，包括北京、天津、唐山、保定、廊坊、秦皇岛、张家口、承德、沧州，区域内开展多领域的横向联合与协作。1986 年京津冀正式的区域合作协调机制建立——环渤海地区市长联席会；此后《关于进一步推动横向经济联合若干问题的规定》为地区经济协作提供了政策基础，坚持从实际出发，建立了多元化的区域合作机制。1990～1995 年，京津冀区域协调发展注重从区域整体布局的角度探讨城市的发展。

（三）发展时期（1996～2004 年）

"九五"时期，北京确定了建设经济中心的目标，此后的十年间，北京的金融商务中心、总部经济、楼宇经济等走上了快速发展的道路，其经济和产业功能进一步强化。尤其是亦庄开发区、临空经济区建设以来，北京发展速度远超天津，天津作为北方金融商业中心的地位被北京取代。在这一阶段，京津冀进行了广泛的区域合作，学术界对京津冀的研究也更加关注，研究的重点是区域经济合作。大北京地区的空间发展规划提出：城市发展的关键问题是环境问题，城市发展的基础和大环境是区域竞争能力，京津冀北地区规划应该注重增强区域城市的发展竞争力，还要注重提升区域内城市的发展水平，并且在城市的竞争中实现"多赢"，从区域整体的角度出发，实现空间上的"疏解"与"集中"，构建完善的城镇网络，推动区域整体协调发展和大北京市域内的可持续发展（吴良镛，2001）。2004 年 2 月，国家发展和改革委地区经济司、北京市、天津市、河北省（秦皇岛等 8 市）相关负责人参加京津冀区域经济发展战略研讨会，与会人员深刻剖析京津冀区域合作的现状、问题及对策建议。2004年 6 月，环渤海合作机制会议在廊坊召开，决定成立"环渤海区域经济合作联席会议"，强调"学习借鉴泛珠三角合作机制的经验"。2004 年 11 月，"京津冀都市圈区域规划"第一次工作座谈会召开，讨论区域规划的整体方案，标志着京津冀都市圈区域规划正式启动。

20 世纪末，我国著名建筑与城乡规划大师、清华大学教授吴良镛从事京津冀北（大北京地区）城乡空间发展规划研究，《京津冀地区城乡空间发展规划研究》随即发布，当时主要称为京津冀北地区，包括北京、天津以及河北省的唐山、保定、廊坊、承德、秦皇岛、张家口、沧州以及石家庄等城市的部分地区。

2004 年，由国家发展和改革委牵头启动了京津冀都市圈区域规划，京津冀区域发展再次受到国家层面的重视，同年 2 月，在河北廊坊召开了京津冀区域经济发展战略研讨会，6 月国家发展和改革委会同商务部与京津冀三地签署了

《环渤海区域合作框架协议》，京津冀规划编制随后启动。

2005 年，"京津冀区域规划工作座谈会"在唐山召开，与会人员对区域规划的研究和编制工作进行了讨论，对京津冀都市圈区域规划的前期工作进行了部署安排。与此同时，天津滨海新区纳入国家"十一五"规划和国家发展战略，天津再次得到国家的政策、资金、人力和物力的大力支持，滨海新区还成为国家综合配套改革试验区，获得了较好的发展条件，带动了天津地区的经济发展。

（四）全面启动、实践时期（2005～2009 年）

2005 年 1 月，《北京城市总体规划（2004—2020）》提出：推进环渤海地区的经济合作，实现区域协调发展，打造以北京、天津为中心的"两小时交通圈"；同年 6 月，京津冀都市圈区域规划进入实质性工作阶段，规划涉及河北省 8 个设市区的 80 多个县（市），面积占京津冀都市圈规划区的 85% 左右，人口占 63%。

2008 年 2 月，"京津冀发改委区域工作联席会"首次召开，北京市、天津市、河北省发改委共同签署了"促进京津冀都市圈发展协调沟通机制"的意见，京津冀区域协同发展进入全面启动和实践时期。学者对京津冀协同发展颇为关注，研究进入多角度、多领域、系统化的阶段，基于京津冀区域经济发展的研究成果丰硕；政府加强政策引导，大力推进京津冀协同发展，京津冀三地之间联系频繁，多次签订合作备忘录，为京津冀协同发展上升为国家战略奠定了坚实的基础。

（五）加速推进、上升时期（2010～2014 年）

2010 年 10 月，河北省政府正式出台了《关于加快河北省环首都经济圈产业发展的实施意见》，明确提出："河北省要注重转变经济发展方式，调整优化经济结构，实现与北京的有效对接，推进环首都经济圈的产业发展，积极培育新的经济增长极。"京津冀城市群的概念由首都经济圈发展而来，2011 年国家"十二五"规划纲要提出"打造首都经济圈"，首都经济圈是我国重要的规划项目之一,包括北京市、天津市以及河北省的廊坊、保定、石家庄、张家口等 11 个地级市以及定州、辛集两个直管市。该规划自 2011 年正式启动规划和编制工作,在 2012 年的区域规划审批中,首都经济圈的发展更是居于首位。

2014 年 1 月,《北京市政府工作报告》提出,贯彻落实国家区域发展战略,科学制定首都经济圈发展规划,精心编制空间布局、基础设施、产业发展和生态保护专项规划,建立健全区域协调发展机制体制,扎实推动京津冀城市群协调发展。2014 年 2 月,京津冀三地协同发展座谈会召开,会议达成共识,北京、天津、河北三地亟待打破"一亩三分地"的思维定式,强调打造新的首都经济圈、推进区域发展体制机制创新的重要性,编制首都经济圈一体化发展的相关规划提上日程。2014 年 3 月,李克强总理在《政府工作报告》中指出,2014 年的重点工作之一是"加强环渤海及京津冀地区经济协作"。

2014 年 4 月,《中共河北省委、河北省人民政府关于推进新型城镇化的意见》正式发布,河北省将积极参与京津冀协同发展战略的实施,充分发挥保定、廊坊服务首都核心功能的作用。8 月,国务院成立京津冀协同发展领导小组,张高丽担任组长,时任天津市委书记孙春兰、市长黄兴国率领天津代表团到北京考察并签署了五份两市合作协议以及一份备忘录,其中交通一体化成为京津冀协同发展的优先领域(三地政府、铁路总公司在北京签署协议,成立京津冀城际铁路投资有限公司,为区域协同发展创造了十分便利的条件)。

但是,"首都圈"的建立造成了北京与周边区域产业结构雷同,甚至带来了北京与周边地区相互争投资、争资源、争项目的现象;另外,构建"首都圈"的发展思路严重扭曲了北京的城市职能,资源供给紧张和环境负荷加重成为亟待破解的难题,这严重削弱了地区参与国际市场分工的竞争优势,而且北京建设世界城市的区域基础仍然薄弱。因此,只有加强区域合作,积极推进区域一体化发展,不断提升区域竞争力,才能为北京和周边地区的发展创造更好的条件。

二、京津冀协同发展战略的深入推进

京津冀协同发展是一项重大国家战略，其整体定位是"以首都为核心的世界级城市群、区域整体协同发展改革引领区、全国创新驱动经济增长新引擎、生态修复环境改善示范区"。与全球六大世界级城市群相比，京津冀城市群作为首都所在地的都市圈，有其自身特点。京津冀城市群主要围绕国家行政中心，自然发挥引领示范作用，瞄准世界级城市群标准，面向未来打造世界一流的国家首都圈，并跻身世界级城市群行列，成为引领经济发展的重要支撑。京津冀实现协同发展的核心是北京非首都功能的有效疏解，并率先在交通一体化、生态环境保护、产业升级转移三个重点领域取得突破；京津冀将以"一核、双城、三轴、四区、多节点"为骨架实现协同发展。

2014 年 3 月，中共中央发布的《国家新城市化规划（2014—2020）》提出了京津冀城市群的概念，并以世界级城市群为目标将京津冀城市群建设成为支撑国民经济的重要增长极。京津冀三地商务部门深入推进落实京津冀市场一体化，针对区域协同重点内容，加强电子商务等十余方面的合作。京津冀区域注重发挥北京的辐射作用，减小河北与京津之间的建设差距，促进京津冀协调发展，促进中国北方的进一步开放和更好地参与全球竞争。面对京津冀地区目前存在的发展不平衡、不充分的现状，2017 年提出要高品质、高标准建设雄安新区。雄安新区的建设将引领京津冀地区新的历史使命，其发展过程不仅要由投资驱动转向创新驱动，实现从制造业主导向未来城区发展的转变，还要大力发展高端技术行业，打造一大批高水平的创新创业载体，成为绿色生态宜居的城市区。京津冀协同发展的重点是加快科技资源、创新要素以及高端产业形成产业集聚，利用京津冀地区科技创新资源集聚地优势，着眼于京津雄城市空间布局和创新分工，为京津冀城市群建设发展提供充足的新动能。雄安新区正以坚毅的步伐推动产学研深度融合，以创新发展引领区和综合改革试验区的建设为目标，以积极打造体制机制新高地为重点，为京津冀协同创新提供重要平台。

　　2019 年正值京津冀协同发展五周年，五年来，一张图规划、"一盘棋"建设、一体发展成为时代最强音；五年来，从顶层设计到全面落实，京津冀协同发展的棋局越下越大；五年来，京津冀交通一体化、非首都功能疏解、京津冀民生共享、京津冀生态共建。2019 年 1 月，京津冀协同发展座谈会充分肯定了京津冀协同发展战略实施以来取得的显著成效，对今后发展也发出了"快马再加鞭"的动员令。

　　京津冀协同发展战略的根本是有序地疏解北京的非首都功能，调整优化经济结构和空间结构，探索集约化发展的新道路，创新人口密集区的最优发展模式，并形成一个集聚区、新的增长极。

　　通过对京津冀协同发展的历史梳理得出以下三个基本结论：

　　第一，京津冀协同发展大体经历了四个阶段：一是中华人民共和国成立初期阶段受历史因素的影响，考虑设立京津唐地区，但这个阶段处于低水平发展，产业结构缺乏统一规划，各地结合地域优势自行发展，技术水平普遍较低。二是以首都为核心的非协调发展阶段。随着经济的发展，北京土地利用更加紧张，生态环境的污染成为北京建设为国际化大都市的重要"瓶颈"。这一时期周边地区尤其是河北省为首都输送了土地、人力、技术等生产要素，一方面导致区域内产业雷同，另一方面也带来了区域内非均衡发展，甚至出现了北京与周边地区相互争投资、争资源的现象。三是转型时期全面启动、发展阶段。在此阶段决策层意识到地区间发展落差大、发展不平衡；另外，北京在建设为世界级大都市的进程中，周边地区对其支撑力远远不足。基于此，2014 年《京津冀协同发展规划》公布实施，区域内战略导向也由"效率"逐渐转为"兼顾效率与公平"，在中央政策推动、三地政府共同努力下，通过改善区域间关系，挖掘经济发展潜能。四是高水平协同发展、持续深化推动阶段。在我国由世界大国向世界强国的跨越过程中，以首都北京为核心的京津冀地区在新时代背景下将以提高发展质量和效益为主线，以追求经济、生态、社会和谐发展为目标，实现京津冀协同发展。城市群的发展是不断实现区域一体化的过程，同时，区域高度一体化又会促进城市群竞争力的提升，是迈进世界级城市群的有力保障。

第二，北京是京津冀协同发展的关键。京津冀城市群作为我国发展势头强劲的三大城市群之一，也是区域协同发展到一定阶段的产物。从"京津唐一体化"到历次"首都圈"的调整，发展到京津冀协同发展国家战略，首次明确提出了京津冀的功能定位——"打造以首都为核心的世界级城市群"。

第三，制约京津冀协同发展的重要变量是规制性制度因素。京津冀地区由于其政治上的特殊性，在制度层面的改革相对滞后，受中央政策的约束性较强。京津冀地区经济发展中政府干预相对较多，从制度框架的制定到资金支持的扶植；在这样的成长条件下，区域成长的惯性和政府行为预期造成了发展路径依赖。京津冀区域在新发展理念的引领下，科学规划京津冀协同发展，系统布局京津冀区域开发空间，确保实现生产空间集约高效、生活空间宜居舒适、生态空间山清水秀的京津冀世界级城市群的战略目标。

第二章　京津冀高质量协同发展的内涵和理论基础

京津冀是北京市、天津市和河北省的简称，是我国北方重要的政治、经济和文化中心。随着京津冀协同发展国家战略的提出，以及《京津冀协同发展规划纲要》的发布，京津冀区域经济发展质量受到越来越多的关注。京津冀、长三角、珠三角是我国的三大经济增长极。但是，京津冀地区与长三角、珠三角相比，在基础建设、科技创新能力、人民生活水平、生态环境以及经济效益等方面还存在较大差距。为了进一步提升京津冀区域经济高质量协同发展，缩小城市间的经济差距，还需要在理论上和实践中准确掌握京津冀高质量协同发展的内涵和基础。

第一节　京津冀高质量协同发展的基本内涵和特征

一、经济高质量协同发展的内涵

经济发展质量的概念可以分别从横向和纵向的角度去分析。从横向来看，经济发展质量可以表示一定时期内某个国家的经济内部发展状态以及经济与社会间的协调程度，可以判断该时期内国家经济发展的优劣程度；从纵向来看，经济发展质量可以从微观层面、中观层面和宏观层面分析，微观层面体现为产品质量、市场效率、发展动力的提升等，中观层面体现为产业、城乡、区域以及国际经济之间的协调发展程度，宏观层面则体现为充分就业、经济增长、物价稳定以及国际收支平衡的实现。因此，经济发展质量是一个动态的、多维度的概念。

经济发展是国家强大的基础，也是关乎国计民生的重点。习近平总书记在2014年中央经济工作会议上指出，我国经济增长正从高速增长转向中高速增长，增长方式正从规模速度型粗放型增长向质量效率型集约增长转变，对于经济的发展我们要认识新常态、适应新常态、引领新常态。我国国民经济的主要矛盾也在发生转变，要着力加强供给侧结构性改革，解决供需不匹配、不平衡、不协调的矛盾，加快构建形成以国内国际双循环相互促进的新发展格局，提升我国经济发展的质量。

党的十九大报告提出了"高质量发展"的理念。经济发展方式正在变革，"高质量发展"已成为当前我国经济发展的主题。高质量发展就是经济发展能够更高程度地体现新发展理念的要求，解决发展不平衡不充分的问题，满足人们日益增长的美好生活需要的发展。高质量发展应具有以创新为第一动力、协调为内生需要、绿色为普遍形态、开放为必由之路、共享为根本目的的经济发展特性。高质量发展以建设现代化经济体系为基础，打造动力体系、产业体系、区域体系协同发展，形成统一开放、竞争有序的市场体系，体现效率、促进公平的收入分配体系，多元平衡、安全高效的开放体系，创新引领、协调发展的产业体系，资源节约、环境友好的绿色发展体系，区域联动发展的城乡区域协同发展体系，全面提升企业的发展质量、产业的发展质量以及区域的发展质量，推动我国经济转向高质量发展阶段。近年来，京津冀地区经济产业发展紧抓"高质量发展"这一主题，积极响应国家高质量发展的战略部署，转变区域发展方式，共同打造京津冀区域高质量协同发展的新模式，对推动区域协同发展，打造京津冀城市群具有重要意义。

京津冀地区是一种远离平衡态的开放系统，出现了北京"大城市病"、资源环境超载、区域发展差距大等无序状态，严重制约了区域的整体发展。京津冀地区的这种状态已经持续很长时间了，在原有条件下已经达到了稳态，要想打破这种均衡，必须输入外部力量。而京津冀高质量协同发展上升为国家重大发展战略，尤其是《京津冀协同发展规划纲要》的制定和实施，必将推动这个系统结构的改变。京津冀协同发展的关键是产业协同发展，而产业转型升级也被确定为三个率先重点突破的领域之一。

依据协同理论，系统内部不同区域、不同产业的各种生产要素和科技资源之间存在互动关系，在与外界有物质或能量交换的情况下，各种资源和要素在时间与空间上存在相互促进、相互关联、相互影响的关系，形成拉动效应，激发产业的潜在能力，从而推动系统内双方或多方共同前进，达到个个获益、整体加强、共同发展的协同结果。根据国际分工理论、经济辐射理论等，区域协同发展的基本原则是立足比较优势、区域功能定位和产业链分工，实现互利共赢。京津冀高质量协同发展的根本途径是疏解北京非首都功能，引导不符合北京定位的产业向津冀转移，实现产业在京津冀区域的合理布局，避免重复建设和同质化竞争。

因此，京津冀高质量协同发展的实质就是以京津冀区域的整体经济运行为总系统，以京津冀各自区域的产业、交通、生态等为子系统，通过各种资源在内部科技要素和生产资源在时间、空间和功能上的协作互动，打造面向全球市场、发展可持续的京津冀绿色低碳现代产业体系，推动京津冀三地高质量协同发展、整体加强，大幅度提升区域协作发展综合竞争力，实现京津冀城市群共同崛起的目标。

二、京津冀高质量协同发展的方向和基本内容

改革开放以来，我国的经济发展迅速提升，经济发达区域集聚效应显著，逐步形成了长三角、珠三角以及环渤海经济圈。三大经济圈中，环渤海经济圈是发展相对滞后的区域，而京津冀经济高质量协同发展正是从环渤海经济带演变而来。环渤海经济带在20世纪80年代首次被提出，《环渤海地区经济发展规划纲要》在1992年出台。京津冀一体化概念是伴随北京、天津和河北三地经济发展互动频繁，三地达成"廊坊共识"时所提出的。习近平总书记提出京津冀协同发展，并将其上升为国家发展战略，提出京津冀三地在交通、产业、生态等方面率先实现突破，共同推动京津冀区域经济高质量协同发展。京津冀高质量协同发展是贯彻落实五大发展理念的实践，既是坚持"五位一体"方针的体现，也是新常态下区域经济高质量融合发展的新思路、新模式。

（一）理念创新、理念先行

京津冀高质量协同发展要符合城市群的发展规律，以大城市发展为理念，突出京津冀城市群区域发展的顶层设计，创新城市发展理念，以区域协同发展理念治理北京"大城市病"，优化布局发展京津冀三地在产业、交通以及生态等方面的功能。这种发展理念要打破传统的"一亩三分地"的思维模式，突破行政区域分割的经济发展模式，立足空间发展格局，以目标为导向，统筹优化区域布局，形成功能分工明确、产业布局合理、优势互补、纵向一体、互利共赢的区域经济高质量协同发展新模式。

（二）抓住疏解北京非首都功能这个"牛鼻子"

京津冀高质量协同发展的首要任务是疏解北京非首都功能，解决北京"大城市病"，这是习近平总书记在视察北京时强调指出的，是京津冀协同发展要解决的关键问题。北京地区面临着功能过多、人口过多、交通负担过重、产业布局不合理等问题，形成了北京地区突出的"大城市病"。北京地区资源集中过度，与周边其他区域未形成差异化的功能分工，导致周边区域在资源和要素导入方面缺乏，加剧了北京"大城市病"问题。因此，解决北京"大城市病"显得格外关键和重要。京津冀高质量协同发展要权衡好北京的"舍"与"得"，持续调整好非首都功能，严格控制北京市的人口规模，做好产业和功能分工，优化城市空间布局和城市功能定位，有效降低北京运行发展压力，在高质量发展北京功能的同时协调发展周边区域，为周边区域创造更多发展机会。这是京津冀高质量协同发展治理北京"大城市病"的良方，方向明确、思路清晰。

（三）优化京津冀区域空间结构

伦敦、东京以及巴黎等国外的现代化大城市多数是通过构建"多中心"的空间发展格局以实现城市功能的合理配置，例如1946年实行"新城运动"的伦敦，共建设了33个新城。以习近平同志为核心的党中央为推动京津冀区域经济高质量协同发展，疏解北京非首都功能，优化京津冀空间格局，提出了建设北京城市副中心和雄安新区的战略部署。这是构建"一核两翼"空间发展格局的重要举措，也是拓展新空间发展的重要体现。"一核"的重点任务是完善"四个中心"城市的战略定位，"两翼"的作用是打造疏解北京非首都功能的承载地。此次"一核两翼"格局的建设一方面体现了"一核"和"两翼"的具体关系，另一方面也有助于形成北京城市副中心和雄安新区差异定位、联动发展的新模式。行政办公、商务服务以及文化旅游将成为北京城市副中心的主要功能，金融服务、总部商务以及文化创意等将是重点发展的高端服务业态。雄安新区将以发展高端产业为重点，以打造创新高地和科技新城为目标，积极承接部分在京央企、金融机构等，共同形成空间布局合理、产业分工明确的协同发展新格局。

（四）聚焦三大重点领域率先突破

京津冀协同发展是以疏解北京非首都功能为核心，以协同发展为主线，重点突破交通一体化、生态环境保护和产业升级转移三大领域。经过几年的发展，京津冀区域协同发展在三大重点领域均已取得显著成效：津保、张唐铁路建成通车，京张高铁、京唐城际、京滨城市以及首都机场—北京新机场城际铁路项目都在加快建设，稳步推进"轨道上的京津冀"；继续健全京津冀区域大气污染防治和水污染治理工作，相较于2013年，2016年京津冀区域PM2.5下降超过30%；建设完成了张北云计算产业基地、现代汽车沧州第四工厂以及沧州渤海新区生物医药产业园等产业的对接合作项目。京津冀区域在交通一体化、生态环境保护和产业升级转移三大领域的带动下，将逐步形成区域经济和社会全方位、多层次的一体化协同发展。

（五）注重区域治理与体制机制创新

京津冀协同发展是建设现代化国家治理体系和治理能力的重要体现，习近平总书记在两次视察北京时发表的重要讲话都提到首都发展和京津冀区域发展的根本任务和制约因素，并提出了跨界区域协同治理、利益共享的思想，坚持以改革开放为动力，以试点示范为引领，持续深化体制机制创新，充分发挥市场的引导作用，形成多元主体共同参与区域治理的新模式，同时重点强调了要强化制度建设，体现区域治理的法治思维等。

三、京津冀高质量协同发展的基本特征

京津冀高质量协同发展是以创新、协调、绿色、开放、共享为发展理念，以协同发展为主线，以交通一体化、生态环境保护、产业升级转移三大重点领域为突破口，最终实现产业协同、交通协同和生态协同。

（一）产业协同的基本特征

1. 协作领域和形式日益多样化

20 世纪八九十年代的产业合作主要是以第一产业和第二产业为主，产业合作的层次水平较低、产业链短、产业附加值少，主要集中在能源产业、农产品以及劳动密集型产业领域。京津冀三地的产业合作较少，主要局限于产业自身，区域间的合作依赖于产业链的衔接和资源的互补，三地之间的产业协作缺乏其他领域的支撑和协作。

21 世纪以来，产业协同发展由传统的农林、机械、化工、钢铁等领域逐步扩展延伸到第三产业，并在金融、科技以及商业领域取得了较好成绩。围绕着果类和蔬菜标准化生产、节水生态、农产品质量安全等领域形成了第一产业的农业产业合作平台。河北省已经成为京津地区的"农产品供应基地"。京津地

区的食品、饮料等企业在河北省建立原材料生产基地，并形成了以科技为纽带的产业区域合作新模式。产业链的转移和跨行政区产业链的形成主要体现的是第二产业间的协同，同步开展跨地区产业分工和产业联动发展。产业的转移主要是将北京和天津地区的部分劳动密集型和资源密集型产业转移到河北省地区；区域内形成以市场为导向的产业分工，并存在产业链双向延伸。第三产业尤其是旅游、商贸服务、金融等产业间的合作日益活跃并不断深化，取得了积极的进展。

京津冀三地通过签订协议、共建园区以及共同开发等形式展开协同发展，共同深入挖掘文化旅游资源，推进高新技术产业发展，促进金融、旅游等产业附加值高、就业带动力强的新兴产业的协同发展。同时，进一步扩大产学研的合作领域，努力为富有活力、拥有尖端科技的中关村企业搭载孵化平台，推进集成电路设计、生命科学研究等领域的产学研合作。逐步加强区域间的政企合作关系，如由国家工信部和北京、天津、河北三地政府共同制定的《京津冀产业转移指南》，就提出以北京中关村、天津滨海新区等五区为依托，建成京津冀产业升级转移的重要引擎。由北京中关村高新技术企业协会提出的"量子计划"与中关村高成长的 TOP100 企业的优质项目合作，共同推进河北地区的产业转型升级，为河北地区产业升级提供项目依托和技术升级。京津冀三地通力合作，共同推进实现区域的信息互通、交通改善、利益共享、行政简化的目标，力争为产业合作提供无障碍平台，最大限度地降低区域产业协同发展障碍，实现从直接推动产业发展，向打造统一、高效的区域联动市场转变，降低生产区域活动和生产要素区域间的流动成本。

2. 协作范围遍及京津冀所有地区

以往的京津冀区域产业协作发展主要局限于部分区域，区域一体化发展不显著。随着交通、信息设施的不断完善，逐步形成了以北京为中心向周边辐射的放射状快速通道网，大大提高了区域间的路网等级和密度，促进了京津冀区域内的人才流、技术流和资金流。据悉，2015 年为促进京津冀区域协同发展，河北省交通厅和国家开发银行河北分行以及中国农业银行河北分行合作签署了《开发性金融支持河北省交通事业发展合作备忘录》以及《全面支持公路建设战略合作协议》。这两家银行在"十三五"规划建设期内，为推动区域间的产业协作提供了3000多亿元的资金支持。

目前，京津冀区域间的产业合作已经遍及各地区，沿着京津冀三地的几条交通要道形成了特色鲜明的产业发展轴线。例如，以京津塘高速公路为轴线形成的"京津塘高新技术产业带"，充分利用了中关村、亦庄、廊坊开发区、天津华苑、武清开发区、塘沽高新区、泰达和津港保税区，依托电子信息、通信、生物医药、光电一体化、新材料和绿色能源六大支柱产业的优势，积极发展汽车电子制造业以及高新技术产业，大力发展高端装备制造业，加快推进京津冀产业由劳动密集型向知识密集型发展，大力发展旅游、金融等第三产业。

京津冀产业协作示范区一方面吸收三地的优势资源，另一方面加强对周边各区域的产业推动。京津两地攻坚合作示范区和天津滨海科技园分别建立了开发区高新技术发展基地、保税区高新企业发展基地，协同推动高新技术产业的区域发展；北京与河北于2014年签订了《共建北京新机场临空经济合作区协议》《共同推进中关村与河北科技园区合作协议》等7项协议，通过区域间的经济合作，打造网络化区域协同发展平台；天津与河北共建冀津循环经济示范区，重点发展装备制造、精细化加工、新材料、新能源等产业。

3. 协作保障机制不断健全

最早时期京津冀三地的产业协作形式主要是较为松散的地区合作协会，近几年京津冀协同发展战略提出后，三地逐步注重完善各种合作机制。在人才利用方面，本着"人尽其才，优势互补"的原则，共同培养、相互交流、共通利用。通过京津冀三地的人才交流共享，共同建设"专家资源共享平台"，完善区域专家合作机制，搭建共通的专家服务体系，形成区域互通、互惠互利的专家人才交流服务体系。

在科技合作方面，京津冀三地通过中央政府、地方政府以及企业的支持投入，共建层次分明的投融资体系，依托重大科技工程，提高区域间的科技转化率。在区域合作保障方面，建立区域联席会议制度，强化完善"统一规划，共同推进"，健全专家咨询服务机制。在生态方面，建立健全京津冀生态环境保护标准，选取生态环境保护评价指标体系，完善生态环境监测体制等。

此外，为推进京津冀协同发展，信息共享平台和信息沟通机制逐步建立；市场合作开发机制和无障碍旅游等产业合作逐渐完善，市场环境趋于优良；政策协调机制和政府绩效评价体系进一步完善，最大限度地实现互惠互利和京津冀区域协同共赢。

（二）交通协同的基本特征

"首都1小时都市圈"的建设离不开京津冀地区交通一体化的发展，区域内的制造业、运输业、交通出行等经济活动都受到交通一体化的制约，因此互通互联的京津冀交通一体化是京津冀区域协同高质量发展的骨骼系统。通常，城市路面公交、城市轨道交通、城际铁路、普通高铁、高速铁路和飞机共同构成一个区域的交通体系。京津冀高质量协同发展要求实现京津冀交通一体化发展，也就是三地通过合作机制，打破传统意义上的行政、部门间的界限，建立一个互通互联的都市区城市交通市场。通过对区域内交通资源要素整合，统一规划，合理安排，优化都市区交通体系建设的整体环境，提高都市区交通服务的整体效益和服务水平，最终实现京津冀都市圈公共交通和公共事业的科学发展，促进京津冀区域经济高质量协同发展。

近年来，京津冀区域交通体系发展迅速，逐步建立并形成了立体化的综合交通运输网络框架；交通网络的通达度逐步提升，覆盖率也逐年上涨；交通体系的综合服务能力和运输能力较以前也得到了显著提高；都市区交通运输网络体系持续优化，尤其是铁路、高速公路、港口和民航机场等运输方式的服务能力大大提升。综合交通网络体系已显雏形。

在城市路面公共交通服务方面，统计数据显示，现已有30余万上班族每天往返于燕郊与北京之间，燕郊为北京分流了大量的人口。但是，燕郊的行政划分并不属于北京，而是属于河北廊坊的三河县，这样的往返无疑给北京和河北的要素流动带来了诸多障碍。现有 11 条公交线路、2000 班次往返于北京和燕郊区域，同时还有京通和京平两大高速公路做支撑。但是，这些并不能满足每天 30 余万人的交通需求。城市路面公共交通服务的限制给京冀间的交通带来极大压力。

在城市轨道交通服务方面，京津冀三地的城市交通轨道主要集中在北京和天津之间。截止到 2020 年 12 月，北京市轨道交通运营网络线路 24 条，总运营里程达 727 千米，车站 428 座，其中包含 64 座换乘站，预计 2021 年底还将开通 5 条线路；天津轨道交通开通运营线路 6 条，线网覆盖 11 个市辖区，总运营里程约 233 千米，共设置车站 143 座；河北省的城市轨道交通服务线路较少，只有省会城市石家庄开通运营 3 条地铁线路，总里程约 76.5 千米，共设车站 60 座，在建线路 1 条。河北省的地铁服务主要集中在石家庄，而石家庄位于河北省中南部，距离北京、天津相对较远。从京津冀整体来看，还没有形成能够将三部分紧密相连的交通体系。

在铁路交通服务方面，京津冀地区主要拥有京石客专、津秦高铁、京沪高铁、石武高铁、京津城际等，普通线路较多，总里程超 7815 千米，每百平方千米铁路网密度将近 4 千米。近年来，津保铁路、津承铁路等相继开通，使京津冀区域的铁路线路更加密集。京津冀区域铁路网络的迅速发展，逐渐形成了京津冀两市一省共 13 个城市的京津冀城市群，实现了主要相邻城市一小时到达（如保定—北京 40 分钟），真正实现了京津冀城市群"1 小时生活圈"。

在航空交通服务方面，京津冀区域内现有北京首都国际机场、北京大兴机场、天津滨海国际机场、石家庄正定机场、秦皇岛山海关机场等。其中，北京首都国际机场是国内国际的枢纽机场，为 4F 级，拥有 A380/B474 等多种起降机型，航站楼总占地面积 100 多万平方米，200 条国内国际航线。2013 年，首都国际机场的旅客吞吐量仅次于美国的亚特兰大国际机场，运送旅客人次超 8400 万，是目前世界第二大繁忙的国际机场。作为北方国际航空物流中心、大型门户枢纽的天津滨海国际机场为 4E 级，起降类型为 B747、A340、B767 等，航站楼面积达 14 万平方米，拥有国内航线百余条，国际航线超 15 条，通航城市上百个。石家庄正定机场是国内主要的干线机场和国际口岸机场，为 4E 级，起降类型为 B747、A340 等，航站楼面积约 2.6 万平方米。

　　京津冀区域交通体系虽然总体呈现上升态势，但在协同发展过程中也存在一些突出的问题。一是城市公共交通服务水平和价格差距明显。例如，公交车方面可达性就存在较大差异，河北省各城市的公交线路网密度较小，覆盖率较低，公共运营时间较短；而京津地区城市公交线路网络密集，运营时间较长，给乘客出行带来了较大方便。又如，在出租车方面，缺乏统一的管理标准。京津冀区域尚未形成一套完整的出租车服务质量标准，严重阻碍了区域出租车服务体系的提升。另外，区域内出租车司机的整体水平不高，不能主动提供发票的现象还比较普遍。二是城市轨道交通服务尚未完全衔接。在地铁线路上，北京已经逐步完成房山线、大兴线、亦庄线等，天津的地铁网络也在持续跟进，而河北省还仅仅只有省会城市石家庄建成了地铁网络。三是铁路交通服务不够协调。京津往返河北部分城市的列车较少，尤其是高速列车数量更少。京津到达石家庄的列车数量较多，大多数都实现了高速通行。而北京和天津之间的城际列车有 100 多次，通勤时间在半小时左右，极大地促进了北京、天津之间的人员流动，同时也有利于促进北京和天津的经济协调发展。北京和石家庄之间高铁只需一个小时就可到达，车次数量也较多。天津到河北唐山的通勤时间为40 分钟左右，但是，天津到河北省其他城市的高铁数目较少而且发车时间不规律。四是京津冀交通体系的航空交通服务不畅通。北京首都国际机场的旅客吞吐量比率超过 80%，独占鳌头，其余机场吞吐总量不及 1/4。这种业务差距凸显出京津冀区域发展的不平衡问题，拉低了整个京津冀区域的经济发展水平。

　　（三）生态协同的基本特征

　　京津冀区域高质量协同发展的前提是三地的生态环境资源的再造与分配，能够为京津冀区域高质量协同发展提供足够的生态空间和环境容量，以实现京津冀三地在生态、交通、社会和产业等方面的高质量协同发展。

京津冀高质量协同发展要以生态优先、绿色发展为抓手，既要"金山银山"，又要"绿水青山"。在京津冀生态环境协同发展下，三地积极响应国家号召，坚决打赢蓝天保卫战，改善空气质量。2018年，京津冀地区PM2.5年均浓度值低于60μg/m³，同比下降了近12个百分点。京津冀高质量协同发展在生态保护方面坚持同呼吸、共命运，共同努力实施"联防联控生态保护政策"。在绿色投资方面，在创新、协调、绿色、开放、共享五大发展理念下，将绿色发展融入科学发展阶段，形成以资金为导向的投资活动引领经济发展。衡量绿色发展的一个重要指标就是以绿色发展为主的投资活动。总体来看，2018年京津冀地区节能环保支出额占一般公共费用支出额近5%，比2013年上升了近2个百分点。从北京、天津和河北两市一省来看，2018年北京市节能环保支出占一般公共预算支出的比重为5.38%，比2013年上涨了近2个百分点；同期，天津市、河北省节能环保支出占一般公共预算支出的比重分别为2%、5.6%，比2013年分别上涨了0.28个百分点、1.76个百分点。因此，从京津冀协同发展战略实施以来，三地的绿色投资比重逐渐上升。

京津冀高质量协同发展在生态建设方面也有显著成效。经过5年的协同治理与发展，京津冀地区在水生态、绿化等生态建设方面也取得了很大进展。京津冀地区人口众多，水资源短缺，人均水资源量仅为全国的1/9，加之水资源污染严重，工农业用水量大，华北地区还是全国最大的地漏区，南水北调工程虽在一定程度上缓解了用水紧张状态，但不能从根源上解决水资源短缺问题。京津冀地区严格按照《京津冀协同发展规划纲要》，从水源地抓起，不断推进"六河五湖"水源地生态修复与治理。经过5年治理，官厅水库国家湿地公园建成开放，设置的生态缓冲区可充分净水，从源头保障永定河水源质量；河北与北京签署协议，建立生态屏障，奖励密云水库上游治污，有效保障北京"大水盆"供水安全；2018年京津冀地区的人均水资源量为494.8立方米，比2013年增长了6.9%。自2014年以来，京津冀三地植树造林面积超过3200万亩，雄安新区"千年秀林"13.8 万亩营造林，交织出新区高质量高标准绿色生态城市的底色；2018 年，张家口有序退出矿山开采 105 处，营造林种植 601 万亩；2018 年京津冀人均城市绿地面积达到 19.1 平方米，而 2013 年人均城市绿地面积仅为 15.2 平方米，年均增速为 4.7%。

第二节　区域高质量协同发展的理论基础和研究综述

一、区域高质量协同发展的理论基础

（一）协同理论

协同理论是由德国斯图加特大学教授哈肯创立的，在 20 世纪 70 年代逐渐兴起和发展起来的一门新型学科，是系统科学论的重要分支理论，也称"协同学"。"协同"是指复杂总系统中，各个子系统相互促进、相互补充、相互配合、相互协作，最终实现良性循环和互动的一种态势。协同论以系统论、信息论、控制论以及突变论为基础，融合结构耗散理论，利用统计学方法对不同领域进行分析，提出多维相空间理论，建立一套数学模型和处理方案。协同理论主要包括以下三个方面的内容：

一是协同效应。协同作用的结果，指的是复杂开放系统中大量子系统相互作用而产生的整体效应和集体效应。20 世纪 60 年代，伊戈尔·安索夫首先提出了"协同效应"一词。协同是多个企业以资源共享为基础，形成的互利共生现象。良好的协同可以达到"1 + 1 > 2"的效果，实现整体效应大于独立部分价值之和。协同是实现资源优化配置、高效利用的最佳途径。协同效应是从系统的整体出发，研究各要素间相互配合作用产生的稳定结构。

二是伺服原理。也就是慢变量引领快变量，序参数支配子系统的行为。序参数指的是系统中各组元按一定顺序组织排列起来，好像有一只无形的手在指挥。伺服原理从系统内稳定和不稳定因素间的相互作用着手，描述系统的自组织过程，即系统在接近临界点时，系统的动力学和突现结构通常由序参量决定，同时序参量支配或规定系统的其他变量的行为。伺服原理是考察同一系统中稳定和不稳定因素间的相互作用。

三是自组织原理。自组织是相对于其他组织而言，是指系统在没有外部指令的情况下，内部子系统之间能够按照某种规则自动形成一定的结构或功能，具有内生性和自生性的特点。自组织原理解释了在一定的外部能量流、信息流和物质流的输入下，系统会通过大量子系统之间的协同作用形成新的时间、空间和功能的有序结构。自组织原理是以系统外部的能量流为切入点，重点分析能量流进入系统后依靠协同作用形成的新的有序结构。

区域协同可以从狭义和广义两个层面来考虑。狭义层面的区域协同是指区域内科技创新的协同，即区域系统内依靠科技创新，各地区子系统联动发展，深入融合区域内子系统的科研机构、高校、科技创新型企业以及地方政府，实现区域创新效益和创新能力的最大化。狭义层面的区域协同主要有五个特征：一是在行政关系方面，区域内各子系统要形成高度协调；二是未来实现良好的经济关系，在经济关系上区域内子系统要实现高度协调；三是在经费投入方面，区域内子系统的科技创新主体要结合自身区域定位，实现不同产业投入不同比重，达到子系统产业协同；四是在技术研发方面，区域内科技创新主体间要积极合作，加快科技创新成果产业化；五是在高级人才交流合作方面，要实现各子系统科技创新主体间的无障碍交流。

广义层面的区域协同本质是区域间的协同创新，是区域协调发展的高级阶段，其主要有四个特征：一是以公平互利为基础，以实现整体区域最优为目标，实施区域内各主体跨区域综合发展规划；二是实现区域内产业结构、发展速度联动发展；区域内各创新主体以资源共享为基础，联合开展课题研究，加强合作，最终实现区域内资源利用最大化；三是实现高精尖人才的有效交流与合作；四是研发和传播与环境创新和保护相关的技术和知识，优化区域环境，以实现健康可持续的区域发展。

协同理论就是区域内各子系统为实现一个共同目标，在发展过程中相互协调，在时间和空间上实现从无序到有序，优势互补，从而产生协同效应，实现整体加强、共同发展。从产业和空间结构上来看，产业间、地区间的发展一直都是不平衡、不充分的，协同发展就是以这种不均衡的态势为出发点，依托复杂的内部协同关系，实现产业间的相互促进与共同发展。

（二）国际分工理论

国际分工理论是协同发展的理论基石。从亚当·斯密的《国富论》问世至今，已有200多年的历史，其间经过古典阶段、新古典阶段、新贸易理论和新兴古典贸易理论阶段，为研究区域分工提供了新的思路和方法。

1. 比较优势理论

比较优势理论将贸易的成因从绝对成本的差别推广到相对成本的差别，解决了处于不同生产力发展水平的国家，特别是贫穷落后的国家能够从区域分工和贸易上获利的问题，为国际贸易奠定了基石。

2. 要素禀赋理论

赫克歇尔与俄林提出的要素禀赋理论（H－O模型），构造了一个包含两个国家、两种商品和两种生产要素的 $2 \times 2 \times 2$ 模型，从各国要素禀赋的差异来解释生产成本和价格的不同以及国际贸易的成因，从而奠定了现代国际贸易理论的基础。

3. 新兴古典贸易理论

20世纪90年代以来，以杨小凯、萨克斯为代表的经济学家建立了新兴古典经济学的框架，将超边际分析用到了李嘉图模型、H－O模型和规模经济模型中，并逐步引入交易效率，创建了内生贸易模型。杨小凯等认为，每个人的天生条件可能相同，即可能不存在外生比较优势，但是，如果每个国家专业化生产某种产品，就可以创造出原来没有的比较优势以及内生比较优势。因此，分工才更本质地决定了贸易结构。

（三）经济辐射理论

经济辐射理论指的是经济发展好、现代化程度高的地区与经济发展相对落后的地区之间进行人才、资本、技术以及市场等要素的流动，同时互相传播思想观念、生活习惯，从而提高落后地区的生产思维方式，实现经济资源的高效配置。经济辐射理论主要有三种：增长极理论、中心—外围理论以及倒"U"形经济发展理论。

1. 增长极理论

增长极理论是由法国经济学家弗朗索瓦·佩鲁（1950）提出来的。该理论认为：一个国家的经济一般都是不均衡增长的，经济增长不会同时出现在所有地区，经济增长极只会在区位条件优越的少数地区出现。增长极具有极化效应和扩散效应，首先出现极化效应，吸引周边地区的资金、人才、信息等资源向中心集中，当增长极发展到一定程度后，中心地区将经济动力和创新成果扩散到周边地区，推动周边区域的经济发展，这时就表现出扩散效应。

2. 中心—外围理论

1949 年，中心—外围理论由普雷维在形容国际贸易体系中西方资本主义国家与发展中国家对立的局面时提出，后来由弗里德曼引入区域经济学中。该理论认为：区域可以分为中心区和外围区，中心区和外围区共同构成了一个完整的二元经济结构。中心区通过向外围区吸聚生产要素用于生产创新，因此中心区可借助优越的发展条件快速发展，处于经济发展的支配地位，而外围区经济效益较差，发展较为缓慢，处于被支配地位。但是，中心区域发展到一定程度后，政府干预政策逐渐加强，中心区域的资源开始向外围扩散，引导外围区域的经济活动、生产方式以及社会结构等的转变，以带动外围区域的经济发展，从而促进整个空间系统的经济发展。

3. 倒"U"形经济发展理论

1965 年，美国经济学家威廉姆逊提出了倒"U"形经济发展理论。他利用截面和时间序列分析发现发展阶段和区域差异之间存在倒"U"形关系，也就是说国家经济发展的初期阶段一定会经历经济活动的空间集中式极化。一个区域的经济在发展初期必然会有城市间的经济发展差距拉大的过程，随着经济的发展，区域间会产生力量使区域内城市间的差距保持稳定平衡，当经济体发展成熟后，随着总体经济的增长，区域内的差距会逐渐缩小。

（四）城市群发展理论

1. 空间扩散理论

哈格斯特朗（Hagerstrand T）最早提出了空间扩散理论，并且指出城市群的发展是城市空间扩散的结果。空间扩散理论主要是指城市群发展中的集聚和扩散效应。集聚和扩散在城市发展中是同时存在的，以核心城市作为城市群系统的基础，发展初始阶段核心城市利用初始优势不断吸引周边区域的资金、人才、信息、技术等各种要素，当集聚达到较高水平时，核心城市的扩散效应开始发挥主导作用，核心城市先进的技术和优质的资源向边缘区域流动，带动边缘和欠发达城市的发展，以此推动整个城市群的迅速发展。

2. 城市群演化理论

城市群演化理论是由弗里德曼（Friedman M）提出的四阶段模型。第一阶段是工业化前期，这一时期经济社会的生产力低下，经济活动主要以自给自足为主，沿海区域有零星聚落和小型港口，内陆地区主要是孤立分散的小城镇；第二阶段是工业化开端，生产能力逐渐得到改善，出现点状分散的城镇，开始产生集聚效应，区位较好的部分城市率先得到开发；第三阶段是工业化成熟期，这一时期生产力得到大大提高，较多的城市发展迅速，区域间出现多中心结构，外围区域中较好的城市也开始得到开发，区域间的联系更加密切；第四阶段是工业化后期，这一时期边缘区域得到迅速发展，中心城市的带动发挥主导作用，城市间的各种联系更加深入，区域内城市间的相互吸引和推动作用加强。

（五）生长轴理论

生长轴理论是由德国学者沃纳·松巴特提出的，主要是指区域经济发展和交通运输之间的联系，体现的是交通干线的重要作用。连接中心城市的铁路、公路等重要交通干线的建立，有利于人口在城市间的流动，降低了运输成本，进而减少了产品的生产成本。同时新交通干线的建立对产业发展和人才具有强大的吸引力，有利于形成良好的投资环境，从而对产业和人才产生向交通干线的集聚作用，形成新的工业区和居民点，这种以交通线为"主轴"形成的产业带就是交通干线产业发展轴。

（六）新经济地理学理论

20世纪90年代，克鲁格曼提出的新经济地理学理论主要考虑了运输成本，运输成本降低会对区域经济发展带来集聚经济、规模经济和外部性，核心是通过建立"核心—外围"模型确立制造业的核心区位以及农业的外围区位。交通成本和规模经济之间存在必然联系，交通运输成本的提高导致企业空间扩散，不易形成产业发展的规模经济；交通运输成本降低，企业空间集聚，推动产业发展规模经济的形成。交通的便利直接影响企业生产的运输成本，促进区域形成行业的地理集中，集聚经济迅速发展，逐步形成规模效益与地区垄断竞争优势。京津冀协同发展必须重视交通的便利性，建立完善的中心城市和单元城市的铁路、公路、航空以及公共交通运输体系，整合津冀的港口资源优势，实现城市空间及交通的有效衔接，发挥京津冀城市群区位优势，形成产业集群，推动京津冀区域高质量协同发展。

（七）可持续发展理论

可持续发展理论是在第二次世界大战后逐步产生和发展起来的，当前对"可持续发展理论"并没有统一的定义。1987年，联合国世界环境与发展委员会的报告《我们共同的未来》对可持续发展进行了定义：可持续发展是能满足当代人的需要，又不对后代人满足其需要的能力构成危害的发展。这一界定得到了学者的普遍认可。对于可持续发展可以从三个层面理解：第一是公平性，在促进当代社会发展需求的同时要考虑后代人的可持续发展之路；第二是可发展性，实现经济稳定增长的同时要保护好自然环境；第三是和谐性，要兼顾社会发展和环境之间的矛盾。

二、区域经济高质量发展研究综述

（一）经济发展质量内涵研究

早在 1776 年，亚当·斯密（Adam Smith）在《国富论》中就提出了国民财富的性质以及原因并进行了研究。之后的一段时间虽然没有学者直接提出"经济发展质量"一词，但大部分国外学者将国民财富的增长与经济的发展联系在了一起。1986 年，保罗·罗默（Paul M. Romer）在《收益递增经济增长模型》中较为全面地分析了技术进步与经济增长的关系，罗默认为技术创新是经济增长的动力源泉。在 21 世纪，维诺德·托马斯（Vinod Thomas）发表的《增长的质量》一文中提出经济发展质量伴随经济增长的过程，经济收入情况以及人与自然的发展情况是衡量经济发展质量的标准。2002 年，Barro 提出了经济发展应该是包含宗教、政治、犯罪以及贫富差距等多因素的一个宽泛的概念。

国内对经济发展质量的研究也在不断丰富。党的十九大报告首次提出了"高质量发展"一词，表明我国的经济发展已经从高速增长阶段转向高质量发展阶段。王玉梅、胡宝光（2004）从经济增长的持续稳定性、增长效率、经济结构的变化、人民生活水平的改善、产品质量的提升以及资源环境的承载能力六个方面分析了经济增长质量的内涵。范舒（2011）认为，经济发展的内涵应包含经济健康稳定发展、统筹区域发展、建设生态宜居的城市以及公正、和谐、有序的社会。杨新洪（2017）分别从微观、中观和宏观三个层面对经济高质量发展的内涵进行了阐述。陈晓雪（2019）提出，应从创新、协调、绿色、开放、共享以及有效六个方面研究经济高质量发展水平。祁琪（2019）认为，经济高质量发展是一种包含高效集约型、协调增长型、高附加值、高包容性、可持续性强的增长模式，并从投入产出效率、成果共享、结构合理布局、资源环境可持续、发展潜力以及经济增长六个方面进行研究。

（二）经济高质量发展评价体系研究

对于经济发展质量的概念不同学者有不同的理解，而经济发展质量的评价指标体系是以经济发展质量的内涵为基础的，因而，对于经济发展质量的评价指标体系国内外的学者也做了诸多研究。2003年联合国环境问题科学委员会以经济增长水平、国际收支平衡情况、国家债务情况以及国家存款率等为指标建立了评价指标体系，来衡量国家的经济发展质量水平。2014年国际货币基金组织（IMF）首次提出经济增长质量指数，比较测算了90多个国家在1990~2011年的经济增长质量水平。

在国内，对经济高质量发展评价体系进行研究的学者更是层出不穷。李永友（2008）从经济增长的速度、效率、结构以及社会结构四个维度建立了江苏省的经济发展质量评价指标体系。张士杰、陈洁（2014）选取经济增长质量、效率质量、结构质量、可持续质量、分享质量五个方面的28个初级指标构建了安徽省经济发展质量的评价体系，并进行了安徽省经济发展质量水平的测算。邢茂源（2018）以经济高质量发展的内涵为基础，从经济发展、创新驱动、绿色发展、协调发展和民生发展五个方面构建了评价指标体系，分别对湖北省16个地市采用加权因子法测算经济高质量发展水平。张震等（2019）从经济发展的动力、产业结构、交通信息基础设施、经济发展开放性、经济发展协调性、经济发展共享性以及绿色发展水平七个维度测算经济高质量发展水平。

（三）京津冀经济高质量发展相关研究

国内外学者对经济高质量发展的内涵和评价指标体系的研究不少，但对区域经济高质量发展的研究不多，而关于京津冀区域高质量发展的研究文献更是较少。对于京津冀区域高质量发展关注较早的学者李磊和张贵祥（2015），从公共服务水平、城市智慧化水平、基础设施建设水平以及生态发展水平四个方面选取指标测算京津冀城市群的经济高质量发展水平，并横向对比城市群内地级市的经济发展水平，表明北京、天津的发展水平高于河北省，河北省的11个城市中石家庄的发展指数最高，衡水的发展指数最低。2017年，李磊、张贵祥在2015年的研究基础上加入空间自相关分析，结果表明，北京和天津依然是京津冀城市群经济发展质量最高的城市，但是在空间的带动作用上，因北京和天津缺乏与周边城市的有效结合，并未起到良好的带动作用。蔡玉胜、吕静韦（2018）从经济基础质量、社会发展质量、基础建设质量以及生态质量四个方面选取 41 个二级指标构建了京津冀区域发展质量评价指标体系，并利用熵值法进行了测算，结果表明，京津冀区域经济发展质量虽然与长三角地区相比依然存在一定的差距，但随着京津冀高质量协同发展，其经济发展质量持续提高，该差距将逐渐缩小。

（四）研究述评

经济发展质量这一概念提出来的时间不长，经济高质量发展的概念更是在党的十九大报告上被首次提出，但对于经济发展质量的探索，学者们无论在理论上还是在实证方面都取得了较大进展，同时越来越多的学者开始致力于经济高质量发展的研究。通过对现有文献的分析可以发现，对经济发展质量尚未有统一的定义，对于经济发展质量的评价指标和测算方法也不统一。此外，对于区域经济高质量发展的研究文献更是少之又少。本书聚焦于京津冀高质量协同发展研究，一方面能够提供一定的研究创新，另一方面对区域经济发展质量的研究也具有一定的借鉴意义。

第三节　京津冀高质量协同发展的总体思路

2015 年 4 月审议通过的《京津冀协同发展规划纲要》明确了区域的整体定位，即以首都为核心的世界级城市群、区域整体协调发展改革引领区、全国创新驱动经济增长新引擎和生态修复环境改善示范区，并将产业升级转移确定为三个率先重点突破的领域之一。产业转移主要是指不符合北京定位的产业向天津和河北转移，产业升级主要是针对京津冀整体而言，重点是明确三地的产业定位和方向，加快产业转型升级，加强产业协作，打造立足区域、服务全国、辐射全球的城市集群。

一、基本原则

全局谋划，顶层设计。京津冀高质量协同发展，关系到国家既定目标能否实现，涉及三个不同行政级别区域的沟通协调，以及三个具有显著差异的区域经济体之间的对接。在现有的发展模式下，听任三地自由发展，无法实现三地的合理分工、协作互赢，必须依靠统筹全局的规划和来自顶层的设计来推动。

（1）优势互补，互利共赢。京津冀区域具有产业体系齐全的优势，在产业合作中应充分发挥这一优势，打造研发创新—加工制造—配套服务完整的价值链条，将北京的科技创新优势、天津的高端装备制造优势、河北的腹地优势结合起来，构建完善的产业链条，通过京津冀一体化的综合实力，将区域制造与服务高端产品推向全国乃至全世界，提高京津冀参与世界产业竞争力的能力。同时，为保障京津冀合作共赢的长期性和公平性，要坚持互利共赢、均衡发展的原则，强调三地平等的发展权，通过产业转移的利益分享、基础设施共建的成本分摊、生态环境保护的利益补偿，促进京津冀一体化协同发展。

（2）合理布局，集群发展。依托各自的发展条件和比较优势，实现区域间合理分工和布局是构建区域协调发展的前提，也是取得发展持久优势的根本所在。要从区域整体发展的要求出发，不搞同构性、同质化发展，合理确定京津冀每个市县的产业发展方向和具有地域特色的产品产业，确定重点产业在不同地区的主攻方向，鼓励发展具有上下游关系和服务的企业集聚，推动垂直分工向水平分工过渡。

（3）开放互动，融合创新。为了提升京津冀在全国乃至世界的经济地位，为了京津冀各区域各城市的长远发展，京津冀各区域应抛开狭隘的行政区域观念，树立共同发展理念。京津要放下大城市的架子，主动与河北展开密切合作，河北各市要有开放的眼界和共同发展的心胸。只有各方以促进区域共同发展为目标，把提升京津冀区域整体综合竞争力视为自身必须承担的重要任务，在壮大自身经济的同时，更多地关注区域总经济的提高，把合作发展的功夫下在联动上，不断推动三地产业间的链条互动和融合创新，才能使京津冀地区在竞争激烈的世界经济格局中占有一席之地。

（4）积极对接，重点推进。京津冀各市都面临着产业结构调整的任务。京津在追赶世界先进国家水平、提高产业总竞争力和自主创新能力、建设世界城市等方面，同样也需要借助京津冀整体实力和平台，应该承担起率领京津冀参与全球化竞争、提升产业分工和竞争能力的任务。河北各市面临着大力推进产业结构调整升级的艰巨任务，应积极以京津的人才与科技优势为依托，加快与京津产业链条对接步伐，不断寻找协同发展的机遇。在具体对接发展过程中，应注意以产业结构优化升级和实现创新驱动发展为合作重点，以点带面，重点推进，以目标规划对接、大型项目合作、重点园区建设、关键领域改革为突破口，迅速打开京津冀协同发展新局面。

（5）政府推动，市场主导。区际经济利益不均衡是京津冀协同发展面临的核心矛盾，造成这一矛盾的直接原因是区域经济一体化的客观要求和行政边界划分的矛盾，根本原因是地方政府的有限理性和市场的不完全竞争性。政府应加强改革，着力推进市场一体化进程，下决心破除对资本、技术、产权、人才、劳动力等生产要素自由流动和资源优化配置的限制，通过利益关系的整合而不是通过行政干预，实现京津冀区域内创新链的闭合，推动发挥京津冀协同发展的整体优势。

二、实现路径

（一）统筹城乡，提高收入

城乡居民收入水平是京津与河北省形成差距的主要体现，要想缩小三地间的经济差距，关键是提高河北省的居民收入水平。京津冀城乡一体化协同发展要形成三地之间资源共享、利益共享的交换机制，切实转变行政区域内中心城市依靠优势地位低成本吸引周边区域资源要素的情况，真正实现各等级城市间的资源要素平等互换，保障基层的、外围的、乡村的发展建设有资源、有条件、有动力。在符合各种规划控制的前提下，加强京津冀中心城市向周边外围城市疏散人口、宜居宜业、休闲度假等载体功能和基础配套设施建设，构建大郊区、大乡村的空间城市结构。同时借助京津冀对口支援的方式，加强京津冀生态建设的实践探索，建立并完善跨行政区域的农村生态环境守护者的生态补偿制度，形成生态保护与富裕农民并存的长效机制。

（二）创新共享，产业对接

产业发展是经济发展的基础。北京在科技水平和现代化服务上具有先天优势，天津正在由传统制造业向装备制造、新能源、电子信息技术等领域转变，而河北依然是以高能耗、高污染、低附加值的产业为主，京津冀三地产业发展差距显著，三地产业难以形成互动，河北落后的产业发展水平和创新水平也不利于与京津两地的创新产出对接。为促进京津冀三地协同发展，可引导北京的科研院所向雄安新区疏解，支持雄安新区与北京各高校以及科研院所联合创新，以实现京津两地科研成果向河北转化，发挥京津两地的带动作用。京津冀三地协同发展，共同围绕突破关键核心技术，加大资金支持力度，强化合作，突破关键技术成果转化的"瓶颈"，共同打造京津冀创新链、产业链的无缝衔接。

（三）交通共网，经济互联

京津两地对周边区域的辐射带动作用主要体现在廊坊，廊坊是距离京津最近的城市；而对其他城市的辐射带动作用较小，尤其是对于冀南到冀北之间的联系作用很小，公路铁路等交通干线对京津冀区域的协同发展具有重要意义。因此，京津冀区域协同发展必须重视交通网络建设，加大城市间公路建设投资力度，逐步实现京津冀交通网络全覆盖。同时积极协同京津冀铁路网络建设，加速区域轨道交通网络建设，形成干线铁路、城际铁路、市郊铁路相互支撑的轨道交通网络。另外，要注重公路、铁路、航空以及港口的协同运输能力，强化各运输渠道的相互配合，实现资源合理配置，建设层次分明、分工明确、衔接良好的综合交通体系，充分发挥各种运输方式的运能，打造京津冀城市群"2

小时经济圈"，充分发挥京津的辐射带动作用，促进城市群协同发展。

（四）环境共治，生态共保

区域发展不仅是经济发展，更要注重生态环境的发展。京津冀在经济协同发展的同时生态环境也得到了有效改善。为提高京津冀地区生态环境质量，冀北地区设立了生态涵养区，这无疑是牺牲了冀北地区的经济发展，承担了很高的成本。因此，为改善生态环境质量，京津冀三地要打破原有的自发式生态保护模式，转向三地协同互推，建立协同发展生态环境保护基金，按照"谁受益，谁出资"的原则明确资金比例，完善生态环境保护制度，解决生态保护资金困难。为减少环境污染、保护良企不被淘汰，应废除传统的"铁腕式""一刀切"治理方式，要依靠市场机制和经济手段淘汰落后低效企业，加快建立排污权、碳排放交易权市场，实现资源的优化配置。

（五）破除壁垒，推进合作

目前，京津已经步入后现代化发展阶段，而河北省还处于现代化发展中期阶段，三地的发展不均衡问题突出。对于职责的承担，京津政府主要侧重于公共服务类，而河北政府则关注于经济管理，由于三地所处的发展阶段不同，导致三地对环境问题等公共事务的处理出现偏差。由于三地的主体地位不平等，在处理共同公共事务的问题时三方都为自身利益考虑，缺乏合作意识，难以实现互惠共赢。为促进京津冀区域协同发展必须要破除壁垒，推进合作，让京津的成果惠及河北、带动河北。因此，要建立跨行政区域管理机构，以权威的政策机构为保障，赋予该机构独立自主权，以保障能够有效行使跨行政区域处理事务的能力；要建立政府合作平台，构建公共资金运行机制，以保障互利共赢的惠民项目得以实施；要营造公平的市场竞争环境，打破由政策倾斜导致的资源要素流动不平衡，打破由行政壁垒导致的企业商业模式，共同推动京津冀三地经济稳步、健康发展。

第三章 京津冀高质量发展的 动力机制及实现路径

第一节 区域发展的动力理论综述

一、博弈论

（一）博弈论的发展

博弈论又名对策论，广泛应用于分析数学领域，目前，在其他学科领域应用也较多，如国际关系学、工商管理学等。博弈论是当下研究社会科学领域的热门工具，尤其是在分析主体间合作与冲突方面，应用性较强。张维迎认为，博弈论是一种策略选择以及策略选择的理论，这些选择以及理论是对多个行为主体直接作用的方式选择的理论，或如何对主体采取平衡的方式选择的理论。谢识予认为博弈论系统是从博弈的前提、策略选择以及均衡策略这三方面进行研究的，包含了博弈所有的问题。博弈的前提包含有限理性和完全理性两种类型。博弈的策略选择分为非合作与合作两个方面对博弈结果进行策略选择的分析，并阐释出这些博弈结果各方面的影响。而在分析博弈的过程中，由于不能实现帕累托最优的原因进而提出了优化方案，即博弈优化的对策。

在19世纪早期甚至是更早的时代，就产生了博弈论并用到了生活中。比如，出现在我国春秋战国时期的成语"田忌赛马"就是将博弈理论应用到实践的经典故事。博弈论的萌芽标志是伯特兰德（1833）和艾奇沃奇（1925）提出的价格博弈寡头竞争模型。

1944年，冯·诺依曼与摩根斯坦合著的《博弈论与经济行为》一书对博弈论进行了详细与完整的阐述，界定且归纳了博弈论的基础含义和特点，比较清楚和系统地解释了博弈论，这标志着现代博弈理论的初步形成。该书对博弈模型的拟定与零和博弈进行了详细的阐述，其中所创建的非零和博弈效用函数公理体系为博弈战略选取奠定了牢固的基础。

20世纪50年代，纳什提出了博弈论中非常关键的概念——纳什均衡，他在论文中阐述了对非合作博弈的看法。本质上说，纳什均衡是一种组合战略，在这个组合中，每个参与者在对手战略已经确定的前提下，他的战略均是在仔细比较后选取的最优战略，并且不会有人在有最优战略的选择下打破博弈均衡的局面。与传统零和博弈相比，纳什均衡的运用范围更广，可以适用于负和博弈、零和博弈等其他模型。而且它在阐述全部博弈主体行为选择上有新的发现，这为以后研究合作博弈策略的选择提供了新思路，开创了一条研究博弈论的新道路。

1960~1969年，为了对纳什均衡进行精炼，泽尔腾提出了"子博弈论完美纳什均衡"的新构想。经过深入思考，他发现在博弈时存在很多不确定因素，所以并不是全部的纳什均衡均具有合理性。海萨尼的贡献除了把不完全信息引入博弈论的研究中，还有用不完全信息重新解释混合策略纳什均衡、发展和应用贝叶斯决策理论、建立不完全信息博弈的一般解法。

自1970年以来，博弈论不仅对众多研究领域产生了深远的影响，取得了突破性的发展，也对因计算机技术的快速发展而出现的复杂博弈模型做出了巨大的贡献。

自 20 世纪 80 年代起，博弈论逐渐成为主流经济学的一部分。从理论发展的角度来看，从基本概念到理论推演，博弈论形成的体系内容多元且完整。从应用的角度来看，博弈论在政治和经济领域中也有较深入的研究，非合作博弈论也在众多非普通的经济模型中得到应用。与此同时，生物学、计算机科学、道德哲学等领域也用到了博弈论，博弈论成为一个理论完整且内容丰富的体系。

（二）博弈的构成要素

一般认为要具体地描述博弈，应合理地说明行动、信息、均衡、策略、局中人、结果以及支付函数等要素。因此，必须明确以下几个方面：

第一，加入博弈活动的局中人。就"局中人"来说，可以解释为加入博弈活动当中的直接接触者。讨论探究博弈问题时，第一步要明白加入博弈的主体，通俗来说就是承担责任以及做出抉择的是谁。加入博弈问题的主体既可以是人，也可以是享有最终抉择权的组织或者团体，如企业、政府、国家等，还可以是不具有抉择权的虚拟主体，如市场和环境。在博弈活动的进程中，所有局中人的基本准则都是实现自身效用或收益的最大化。

第二，博弈主体所有可能的策略集。策略集指的是每个博弈主体全部可能的行动计划的集合，即每个博弈主体在不同情况下可选择的做法。在同一场博弈中，不同博弈主体的策略集也是不一样的。可以说，博弈主体的策略集就是一个相机行动方案集。

第三，博弈进行的顺序。在现实中，每种博弈都有多个博弈主体。如果博弈主体的顺序不同则其博弈的结果也不同。为了在一定程度上保障博弈的公平性与合理性，博弈主体可以同时进行策略选择。但是在实际情况中，博弈主体的决策有先后之分。如当进行博弈时，博弈主体需要面临很多的决策选择，这体现了博弈顺序的重要性。而且博弈的顺序不仅是区分静态博弈和动态博弈的依据，决定着博弈的类型，更对博弈的结果有重大的影响。

第四，博弈主体的获益。博弈主体选择的博弈策略不同，其最后的博弈结果代表的支出的成本和取得的收益也不同。可以通过经济因素数量化的计算方法，把博弈最后的结果量化，由此得知博弈主体的最终经济收益。而博弈收益作为关联博弈抉择的最关键因素，是每个博弈主体获取的实际效用，不仅可以是正值，也可以是负值。

（三）区域府际博弈

区域府际博弈指的是，城市群内部各个政府从自身的利益出发，依据自身掌握的信息，采用多种方式的博弈战略。在博弈过程中，每个政府要研究对方的博弈策略，从而知己知彼，制定符合自己预期目标的行为策略。各个政府基于内外环境的理性分析，通过收集其他博弈者的信息来制定相应的策略。最终，每个政府研究、行动和相互影响后产生的结果就是区域府际博弈的结果。区域府际博弈按照不同的方式，可以划分为以下几种具体的形式：

第一，府际博弈从方向方面来讲，分为十字型府际博弈、网状府际博弈、纵向府际博弈和横向府际博弈四种类型。同级政府间的博弈称为横向府际博弈，因为相互间地位同等，而且有比较鲜明的利益关系，导致出现缺少合作和恶性竞争等激烈性博弈情况。垂直的上级和下级政府间的博弈称为纵向府际博弈，该博弈模式化趋向激烈，还有着强烈的政治利益色彩。纵横交错的府间博弈称为十字型府际博弈，其中包含着较为复杂的交叉态势的十字博弈，像政府间利益和权利的博弈。网状府际博弈由众多十字型博弈单元组成，是十字型府际博弈的延伸，其作为府际博弈的主要形态，不仅有比较多的参加博弈的主体，而且有关的博弈战略也愈加繁复，处于网状博弈中的政府也每时每刻联系着其他府际博弈主体。

第二，依据府际博弈冲突的性质，府际博弈分为非对抗性博弈和对抗性博弈两种类型。对抗性博弈认为局中人的收益与效用是全部对立的，一方所失就是另一方所得。简单来说，就是在一方利益增多的同时另一方利益减少。非对抗性博弈就是双方收益，不仅存在冲突还具备共性，可能实现某种平衡。一些比赛中时常可见对抗性博弈，例如，由于城市群内部政绩考核机制不合理，进而导致对抗性博弈出现在城市群内部府际之间、政府官员的政治锦标赛当中。就区域府际博弈的其他方面来说，具备可调和性的非对抗性博弈是城市群内部大部分博弈的表现，这源于不完全对立的各个政府之间的效用。

第三，以府际博弈抉择时间的先后次序作为分类标准，府际博弈可以分为静态博弈和动态博弈。此时，要区分大部分意义上的"时间先后"和此处提及的"时间的先后次序"，两者存在一定的差异。静态博弈大体分为两种情况：一种是在博弈活动进程中局中人同步进行决策和选择；另一种是两者并非同步，且后者行动时对前者做出的抉择完全不知情。反之，动态博弈可以解释为，在局中人按决策的先后顺序分为先行动者和后行动者的基础上，后行动者知晓了先行动者做出的抉择。在区域府际博弈进程中，先行的政府做出的一系列活动被城市群内部各个政府察觉到，各个政府受到先入为主的驱使，导致在做出抉择时会受到影响，下一轮的抉择也必然受到本轮抉择的影响。就此而言，城市群内部府际博弈活动在很大程度上属于一种动态博弈。

第四，以府际博弈决策的信息作为分类标准，府际博弈可分为完全信息博弈与不完全信息博弈。不完全信息博弈就是在博弈过程中，局中人只掌握其他局中人的特征、策略合集以及支付函数等部分准确的信息，如多数的城市群内部政府之间的博弈，因为在城市群内部府际博弈汇总时，每个政府对其他政府的支付函数或者决策等的了解常常不完全准确。当局中人都了解了其他局中人上述信息的全部内容时，该博弈为完全信息博弈。

第五，按照政府之间的博弈状态，府际博弈可以划分为府际合作博弈与府际非合作博弈。各个政府通过竞争寻求本身利益最大化，所有政府从各自的角度，理性地采取和选择一些能使政府本身利益最大化的行动及对策，进而不能形成联盟，这样的竞争方式或博弈类型都可以称为府际非合作博弈，其重点探究政府在利益彼此影响的格局里怎样可以选择到最大化自身利益的决策，其结果既可能是有效率的，也可能是无效率的。各方政府充分认识到其他政府对自身利益的影响，在讨论、切磋协商以及交流的过程中，对区域内资源、知识、技术进行了积累与整合，通过合作的途径来达到更有效率发展的目的，或是解决单一政府不能解决的问题，这种行为就称为府际合作博弈。这是一种多层面立体博弈的表现。合作博弈重点探究参与人在彼此合作时是如何分配利益、如何保持合作稳定性以及选择哪种合作方式等问题。与此同时，也着重强调团体理性、（个体及整体的）效率、（权利和利益分配的）公正和公平。当下，城市群内部府际博弈依然以非合作府际博弈为主，缺乏合作理念，这是因为博弈主体与高效的信息沟通传递平台之间互不信任，且城市群内部缺少有效的博弈协调机构。

二、协同理论

对于非平衡的开放系统而言，引入协同理论能够将各系统间的同一性、协调性以及矛盾性充分揭示出来，所以研究外界作用下各子系统协同作用的产生机制，可以让有序和无序得到充分统一，从而正确反映客观规律与事实。随着协同理论的不断发展，很多以前无法预言与解释的非物理系统的非平衡有序现象得到揭示，而且这一理论将自组织形成过程视为自然过程的研究思路也让很多学者备受启发，这也使该理论逐渐得到了广泛运用。

协同理论以开放系统的非平衡问题作为重点研究对象，具体而言，就是要通过涨落来提升结构的有序性，通常达到以下要求即可开展协同理论研究工作：系统必须具备非均衡性，且足够开放庞大；系统的涨落具有非线性的特点；将协同理论适用在城市群职能空间结构发展上是完全可行的；有足够的实践经验作为支撑。所以，社会科学中的协同理论具有极强的实践价值，其对于公共管理领域的发展意义重大。

三、耗散结构理论

1969 年，普里戈金（I. Prigogine）提出了耗散结构理论，这一理论的基本思想是：任何一个开放的系统，无论是物理、化学、生物系统，还是经济和社会系统，如果它并非处于平衡状态之下，那么就会一直与外界交换物质和能量，而当外界条件变化达到一定的阈值时，这个系统可能会产生变化，而这个变化被认为是非平衡相变。系统在最开始处于一种无序状态，在与外界产生能量和物质交换的过程中转化成了有序状态，而这种从不平衡状态转化成的稳定有序的状态被称为耗散结构。

所谓平衡状态，通常是指随着时间的推移，一个系统的内部参量会产生变动，以至于发展为不变的形态。不管是哪种状态的系统，它们的平衡态一般都有以下两个特征：一是系统的参量在经过时间推移之后，发展为不变状态，即定态。二是当系统已经形成定态时，它已经不再有物理量的宏观流动。这两点是平衡态的重要特征，而没有以上特征的态被称为非平衡态。一个孤立且是非平衡态的系统，只要有足够的时间，那么它一定能够发展成平衡态，不过这种演化也有很多种可能性，开放系统未必一定发展为定态。

关于序的概念，是指事物在发展过程中，它的内部各个要素之间是有一定次序的，而这个序往往和对称性有关联。所谓对称性是指事物经过不断的发展，内部要素在不断变化的过程中依然保持不变的性质。事物的对称性越高，那么它的有序度就越低，而有序则意味着系统的对称性在一定程度上比较低。正如系统在具有一定规律性时，被称为有序结构；而如果系统的结构没有顺序，则被称为无序结构。通常来说，可以借助系统的结构去观察它的内部组织状态，以及其子系统之间的联系。系统往往会朝着两个不同的方向发生演化：一是从有序发展为无序的状态；二是从无序发展为有序的状态。世界也是在这两种状态的差异和协同的相互作用下获得持续发展的。

关于有序结构方面的研究，一直是很多科学家积极探索的对象，通常是从系统的平衡相变进行研究，相是指物质所处的不同的结构和状态。当系统的结构或状态发生变化，即它的相发生变换时，就转变成了另一种结构和状态，也被称为相变。而这种变化可以分为平衡相变和非平衡相变两种。

学术界认为形成耗散结构的条件有以下几个：首先，它的系统需要保持开放的状态，这样系统才能够一直保持与外界物质进行交换。其次，这个系统是非平衡态。正如普里戈金所指出的，系统的有序之源来自它的非平衡，当系统处于非平衡时，它才能够朝着有序、有组织和多功能的方向演进。再次，系统是由各种要素组成的，所以它的内部要素之间往往会有非线性的关系，从而彼此之间产生相互作用，这也推动了系统内部各个要素之间发生相干效应和协调作用，进一步提高系统结构的有序性。最后，系统的无序向有序转变，可以利用随机的涨落来完成，这个方式也被称为涨落导致有序。

根据耗散结构理论，可以认为城市群系统多个城市之间以及各城市内部多种要素之间是非线性相互作用的系统。在研究城市群协同发展的过程中，可以观察到生态环境和城市系统之间有些较为复杂的关系，存在自催化、自组织和自我复制等非线性相互作用，使城市群系统内部微观行为发展成一种相互协同合作的状态，从而在宏观上达到有序。良性的耗散结构具有很强的抗干扰能力，从而降低城市群系统熵值。

四、突变理论

无论是人类社会还是自然界，所有运动都存在稳定态与非稳定态，突变理论就是研究事物运动从一种稳定态转变为另一种稳定态的规律。稳定态在受到一些偶然且微小的因素干扰时，依然可以维持原先的状态。而在细微干扰下也会发生变化的状态，就属于非稳定态，事物一般是处于这两种态之间。非线性系统从一个稳定态到另一个稳定态的转化，通常是以突变的形式发生的。因此，突变理论具有广阔的应用前景，可以应用于数学、物理、化学、社会科学等学科之中，用来解释和预测自然界和人类社会中的一些突发现象。

托姆（Thom）认为，突变论思想主要是指无论是人类社会还是自然界，所有运动都存在稳定与非稳定的态，也可以从这种稳定态转变为另一种稳定态。当城市群系统的状态发生变化时，它的参数也会发生相应的变化，而如果该函数值超过某极值，那么这个城市群系统的态是非稳定态。城市群系统从一种稳定态进入非稳定态，随着参数的再变化，又从不稳定态进入另一种稳定态，那么，城市群系统状态就在这一瞬间发生了突变。

在城市群发展过程中，一些微小的因素变化逐渐积累最终形成"慢性沉积效应"，当这种积累达到一定程度的临界阈值时，就会产生沉积效应，促使城市群系统产生突变结果。这一突变过程根据不同类型的特点，可表现为双曲脐突变、椭圆脐形突变、蝴蝶突变、折迭突变、燕尾突变、尖顶突变和抛物脐形突变等不同类型。

如图 3-1 所示，博弈论、协同理论、耗散结构理论和突变理论是推进京津冀城市群协同发展的主要科学理论基础，其中，协同理论是京津冀城市群协同发展的核心理论基础，耗散结构理论、突变理论和博弈论是城市群协同发展的基本理论基础。

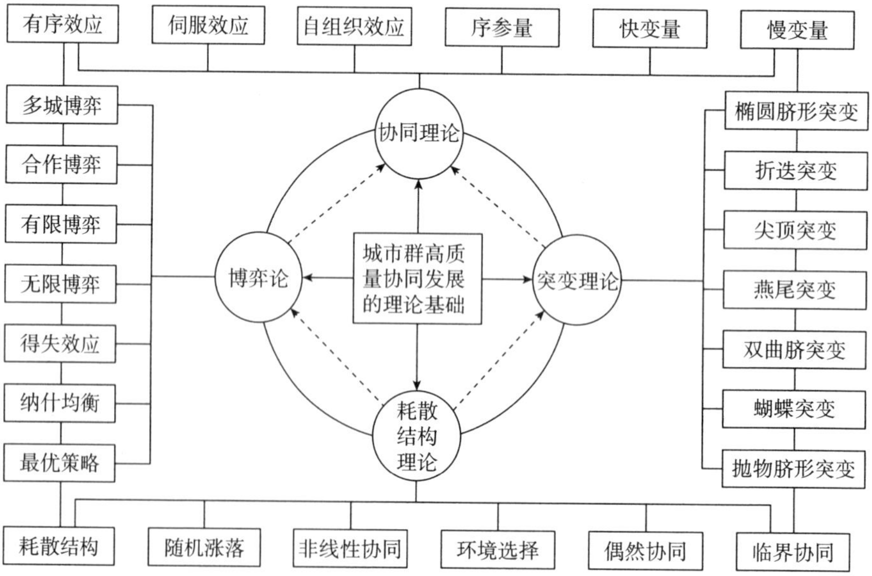

图 3-1 京津冀城市群高质量协同发展的理论基础框架

第二节　京津冀高质量协同发展动力机制

一、区域冲突与合作机理分析

（一）交易成本与区域合作

关于交易成本的概念，最初来源于科斯（1937）所提出的企业本质。阿罗（1969）曾将其认为是经济制度在发展过程中产生的费用。经过越来越多的经济学家的研究和分析，交易成本理论逐渐得到完善，在企业做出发展规划时，交易成本理论成为重要的分析手段之一。随着互联网时代的到来，越来越多的经济学家认为传统的交易成本理论过于狭隘，不再适用于现代企业的发展，尤其是传统交易成本理论所认为的交易方式只有市场和企业，与目前的现实不符。如杨其静（2004）认为，现如今的企业更加看重企业间的协调，并据此来进行生产和交易，这种网络形式也与现实中企业之间的多种合作形式相符合。而且，一些学者认为，交易方式不是只有企业和市场这两种形式，企业间还存在着多种形式的长期合作关系。

吕翔（2014）在田野的"国家间交易成本"定义的基础上，提出了"区域交易成本"的概念，即"由于地区间权利的让渡而产生的成本"。他将交易分为事前和事后两种：一是在区域之间没有达成权利的让渡前，各区域为了获得更多的利益，会积极寻找更适合的潜在合作对象，以及借用各种手段去收集市场外部有用的信息，同时还要提前去协商内部成员之间的权利和任务，这一过程所产生的费用通常被称为事前成本；二是在各区域之间已经就权利让渡达成协议之后，为了使协议能够正常进行，会采取监督措施以及时应对和解决各种突发情况，如对不能够遵守协议的成员进行制裁，因此产生的费用以及因为这种行为所带来的损失被称为事后成本。

(二) 政府激励因素

政府具有"经济人"属性，因为区域合作的动力主要来源于追逐地方利益的地方政府。地方政府所追求的利益并不是单一的经济利益，而是具有多重性，如政治晋升等。另外，由于政府是地方公共职能部门，所以在制定经济政策时，需要考虑自身的政治责任和社会责任。"社会利益"和"自身利益"的双重属性，导致地方政府在区域合作中产生两种不同的结果：一是当地方政府所采取的决策形成的动力和市场自发的驱动力之间具有一致性时，政府对经济发展产生的推动力会促进区域经济的合作与发展；二是当地方政府所做的经济发展决策与自身动力相反，或与中央政府的决策相悖时，则会出现地方政府阻碍区域间合作的情形。

目前，国内的财税体制进行了改革，不仅提高了地方政府的行政权力和经济地位，也对其职能和责任提出了更高的要求。首先，通过建立财政支出和收入相挂钩的体系，使地方政府在和其他地方政府之间进行博弈时，为了扩大自身的财政收入，往往会优先保护本地的资源，展开税收竞争，形成地方保护主义。其次，地方政府还会去吸引本地区所需的稀缺资源，采取优惠的税收政策，与其他地区展开竞争。最后，开发区的竞争性建设和重复性建设不利于区域间的合作发展。

改革开放以来，我国从计划经济体制转为社会主义市场经济体制，将计划与市场都作为发展经济的手段，这一转变促进了我国经济的高速发展。而这一时期的整个国家政策是自上而下地实施，由中央政府来制定总的发展目标，地方政府来执行。因此，地方政府如何更好地去实施也是整个政治体制发挥效能的关键所在，为了调动地方政府的积极性，需要将经济发展的速度作为考核晋升的指标。虽然这一措施在激励地方政府推动地方经济发展方面确实有非常突出的效果，但是各个地区为了自身利益，形成了地方保护主义，这也是目前区域间不能够进行有效合作的原因。因为地方政府不仅要考虑经济效益，还要考虑自身的政治利益，所以这种晋升考核体制，导致的结果只有零和，没有合作，不利于中央政府制定的区域间合作政策的推进。另外，如果不改变这一晋升体制，即使达到了正和的经济博弈，也无法使地区之间进行有效的合作，因为这种晋升体制只会加剧地方政府间的利益矛盾。首先，晋升博弈使地方保护主义抬头，不能够形成公平公正的竞争环境，也不能够合理地利用各地资源。其次，地方官员为了自身的政治利益，往往会采取立竿见影的经济措施，导致资源浪费和重复性建设，这种做法破坏了经济健康可持续发展。最后，晋升博弈也造成了地方官员之间的恶性竞争，他们在市场化过程中扮演着地方经济增长的运动员和地区市场竞争的裁判员的双重角色，往往使地方政府不能及时转变职能。

二、京津冀高质量协同发展面临的问题及成因

20 世纪 80 年代中期，我国开始实施国土整治战略，首批试点就包括了京津冀地区，战略要求京津冀地区联合环渤海地区实施区域合作，共同开展基础设施建设，落实产业和人口布局优化，提升区域发展的协调性。京津冀一体化发展至今，虽取得了很多成果，但仍然面临很多问题和困境，尤其是对比长三角和珠三角区域的合作成果，还有明显的差距，主要表现在京津冀三地经济发展不平衡，具体表现为产业空间布局失衡、产业结构失衡。这主要是由于京津冀区域之间的合作缺乏协同治理，没有合理发挥资源的配置作用，协同创新能力差，公共服务不均等。

（一）京津冀区域经济发展失衡的表现

1. 产业空间布局失衡

京津冀区域内"双核"格局突出，极化效应明显，北京和天津已经发展成两个超大城市，而河北众多中小城市的发展却相对落后。如表 3 - 1 所示，从北京市、天津市、河北省三地 1997 ~ 2017 年的变化趋势可以发现，北京市的国内生产总值、第三产业增加值和外商投资总额在京津冀城市群中的比例大体上呈上升趋势，而河北省的这三个经济指标所占比例却在逐渐减少，尤其是在吸引外商投资方面，北京市由 1997 年的 45.6% 增至 2017 年的 58.1%，远超河北省。2017 年北京和天津两个城市的第三产业增加值比重达到 68.9%，河北省所占比重只有 31.1%。这说明京津冀城市群中心城市和其他城市经济水平之间的差距十分明显。

表 3-1 1997~2017 年京津冀城市群经济指标演化

指标	国内生产总值（亿元）			第三产业增加值（亿元）			外商投资总额（万美元）		
年份	1997	2007	2017	1997	2007	2017	1997	2007	2017
北京	2077.09	9846.81	28014.94	1218.06	7236.15	22567.76	31966	87621	486409
天津	1264.63	5252.76	18549.19	519.10	2250.04	10786.64	22180	82888	254823
河北	3953.78	13607.32	34016.32	1257.64	4600.72	15040.13	16029	29113	95818
北京占比（%）	28.5	34.3	34.8	40.7	51.4	46.6	45.6	43.9	58.1
天津占比（%）	17.3	18.3	23.0	17.3	16.0	22.3	31.6	41.5	30.4
河北占比（%）	54.2	47.4	42.2	42.0	32.7	31.1	22.8	14.6	11.4

资料来源：国家统计局网站，http://www.stats.gov.cn。

如表 3-2 所示，河北省历年失业人口总数占区域总量的 50% 以上，在岗人员平均工资基本上不到北京市的一半，这种经济与就业水平差距会形成"虹吸效应"，导致京津冀城市群人口要素流向中心城市。当前，影响京津冀城市群产业空间格局的驱动力以集聚效应为主，扩散效应明显，形成以北京为中心、天津为副中心、河北省为腹地的京津冀城市群空间格局，并且集聚程度依然在加剧。

表 3-2 1997（2000）~2017 年京津冀城市群人口及就业指标演化

指标	常住人口（万人）			在岗职工平均工资（元）			城镇登记失业人数（万人）		
年份	1997	2007	2017	1997	2007	2017	2000	2007	2017
北京	1364	1676	2170.7	10616	46507	134994	3.32	10.63	8.10
天津	1676	1115	1556.87	8238	34938	96965	10.50	14.99	26.00
河北	6674	6943	7520	5692	19911	65266	17.40	29.30	39.92
北京占比（%）	14.0	17.2	19.3	43.2	45.9	45.4	10.6	19.4	10.9

指标	常住人口（万人）			在岗职工平均工资（元）			城镇登记失业人数（万人）		
年份	1997	2007	2017	1997	2007	2017	2000	2007	2017
天津占比（%）	17.3	11.5	13.8	33.6	34.5	32.6	33.6	27.3	35.1
河北占比（%）	68.7	71.3	66.9	23.2	19.6	22.0	55.7	53.4	53.9

资料来源：国家统计局网站，http：//www.stats.gov.cn。

2. 产业结构失衡

京津冀三地处于不同的经济发展阶段，产业结构也存在显著差异，在一定程度上制约了三地产业间的协同合作。从图3-2至图3-4可以看出，2007~2019年，北京市三次产业产值呈明显的"三二一"结构，第三产业在三次产业中的比重占绝对优势，并且保持较高速度的增长，第二产业稳定小幅增长，第三产业对北京的经济发展起到支撑作用。2019年，北京市三次产业结构为0.3：16.2：83.5，是比较稳定和健康的产业结构。天津市三次产业总体也呈现稳定上升趋势，2015年第三产业产值首次超过第二产业，产业结构由"二三一"转

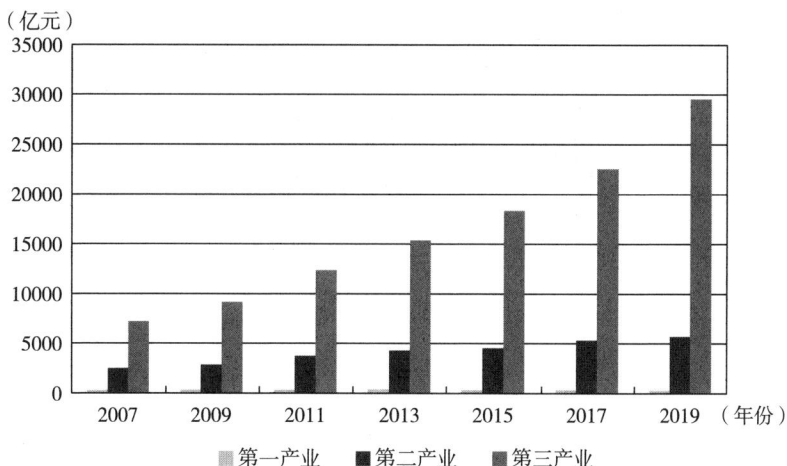

图3-2　2007~2019年北京市三次产业增加值

资料来源：国家统计局网站，http：//www.stats.gov.cn。

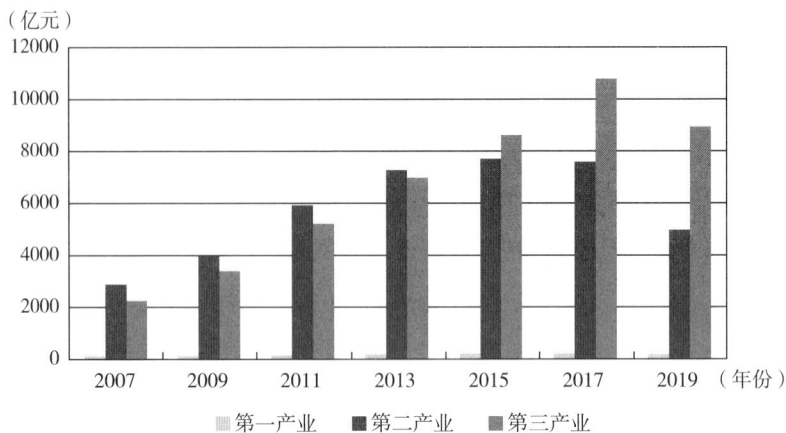

图 3 - 3　2007~2019 年天津市三次产业增加值

资料来源：国家统计局网站，http：//www.stats.gov.cn。

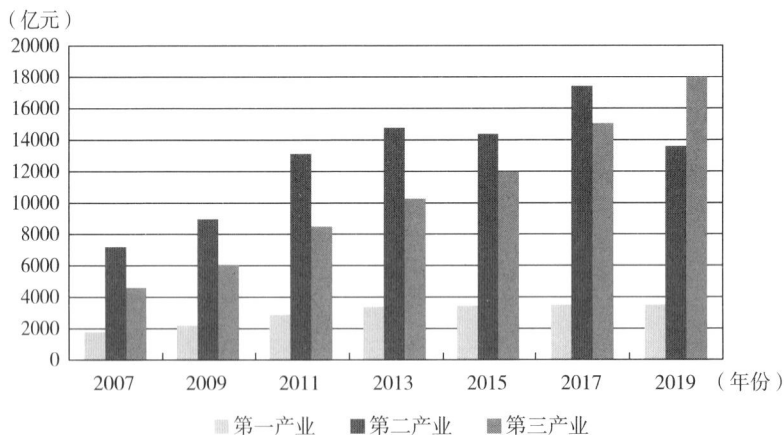

图 3 - 4　2007~2019 年河北省三次产业增加值

资料来源：国家统计局网站，http：//www.stats.gov.cn。

型为"三二一"；2019 年三次产业结构为 10.0：38.7：51.3。2007~2019 年，河北三次产业呈稳定增长趋势，2019 年三次产业结构为 10.3：39.7：50.0。从三地的产业数据可以看出，河北、天津两地第二产业的经济支撑作用仍然很突出，第三产业的发展地区间差异最明显，2019年北京、天津、河北第三产业增加值占GDP比重分别为83.5%、63.5%、51.5%，河北第三产业比重虽然有所上升，但仍落后于京津两市。

（二）京津冀区域经济发展失衡的原因

1. 区域性协调机制不足

改革开放以来，我国从计划经济体制转向社会主义市场经济体制，虽然这可以最大限度地发挥市场在资源中的配置作用，激发市场的活力，但是不利于区域协同发展。在市场机制下，为了各自的经济效益，各区域之间更多的是竞争关系，通常会发生恶性竞争，如地方保护主义等，使区域之间难以达成合作。所以，要想改变这种状况，就必须有政府的合理干预。由于京津冀区域之间经济实力差距大，以及各自发展的方向和资源优势不同，地方政府需要根据自己的实际情况来制定合理的治理体系，发挥政府在区域合作中的积极作用。

然而，当前京津冀区域之所以难以形成合作，还与地方政府有关，由于各个区域政府都以本地区的发展为中心，形成了严重的地方保护主义，从而导致了区域的市场分割。另外，京津冀区域很难协同发展和建立一体化市场，主要原因是政府没有发挥正确的职能作用，没有破除地方经济壁垒，以及没有缓解区域行政条块窘境。因此，政府要对市场的发展进行合理干预，积极消除京津冀区域合作中存在的消极因素，合理调动区域的资源分配。

2. 要素配置不合理

一方面，在社会主义市场经济体制下，市场在资源配置中起着决定性的作用，同时资本要素在经济发展过程中也具有非常重要的作用。一个地区的发展，首先是要具有雄厚的经济资本，如图3-5所示，京津冀三地的资本要素指标存在明显的差距。作为首都，北京拥有最雄厚的资本，而且其公共财政预算收入和公共财政预算支出、金融机构存款余额与其他地区相比都具有较大的优势，所以这三个区域之间，不仅资本的数量存在较大的差距，而且资本的要素结构也有非常大的差距。

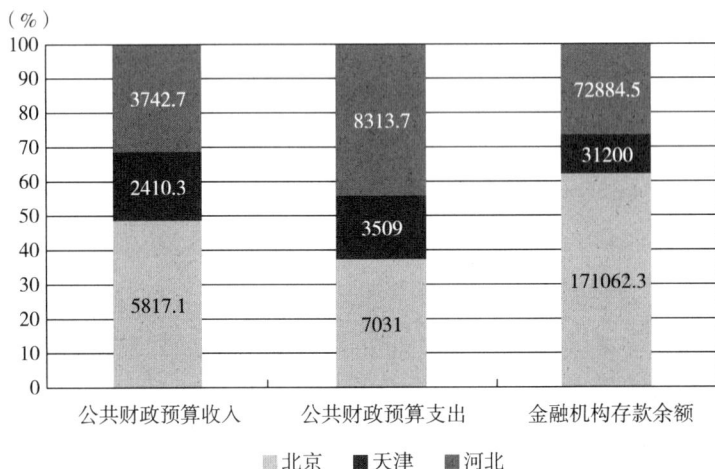

图 3 - 5 2019 年京津冀三地的资本要素情况

资料来源：国家统计局网站，http：//www.stats.gov.cn。

另一方面，京津冀区域具有劳动力资源丰富和科研水平高的优势。北京作为国内文化中心，拥有众多一流高校以及科研机构，其科技研发投入和研发实力非常雄厚。然而，在整个区域发展中，科技要素资源呈现明显的不平衡分布状态，主要的科研机构和高等院校集中分布在北京，在这方面河北与京津差距相对较大。如表 3 - 3 所示，2019 年北京国内专利申请授权数占京津冀总数的66.2%；北京国内专利申请受理数占京津冀总数的 40%，河北省占 30.8%；北京技术市场成交额占京津冀总数的 81.5%，而河北省仅占 5.5%；河北省规模以上工业企业 R&D 相关数据相对较高，其中规模以上工业企业 R&D 人员全时当量占京津冀总数的 45.8%。

表 3 - 3　2019 年京津冀人才及科技创新要素情况

地区	规模以上工业企业 R&D 人员全时当量（人·年）	规模以上工业企业 R&D 项目数（项）	规模以上工业企业 R&D 经费（亿元）	国内专利申请授权数（件）	国内专利申请受理数（件）	技术市场成交额（亿元）
北京	44241	7671	285	226113	131716	5695
天津	45685	10825	213	57799	96045	909
河北	76096	13340	439	57809	101274	381
京津冀	166022	31836	937	341721	329035	6985

资料来源：国家统计局网站，http：//www.stats.gov.cn。

3. 协同创新能力差

京津冀地区拥有众多高等院校和科研机构，聚集了国内最优秀的科技人才、最完善的科技体系，科研开发程度在国内处于领先水平，但是京津冀三地之间却存在较大的差距。首先，主要的高端技术和科研人才集中在北京，对比之下天津和河北远远不及。其次，三地之间的科技投入存在差距，尤其是河北省的科技投入是三个区域中最低的，所以它的科技创新能力也是最低的。河北省还处于工业发展阶段，采取的经济增长方式是比较粗放的，整个经济发展是以增长速度作为目标，而不是追求高质量和高效益。针对这些问题，要想使京津冀区域获得长远发展，首先就要制定能协同京津冀区域发展的战略，平衡各个区域的发展进度，发挥资源的合理配置作用。其次要构建互帮互助机制，发挥北京的科技优势，来改革河北的经济发展模式。最后要发挥河北的劳动力优势，促进三者共同发展，实现区域协调发展。

4. 公共服务不均等

地区的公共服务能力主要取决于该地区的政府财政收入，京津冀三地之间在经济实力上是存在明显差异的，导致三者在教育、医疗、养老等公共服务方面也存在较大的差距。京津冀三地之间经济发展水平不平衡，作为核心城市，北京、天津对外吸引资金的能力更强，公共服务资源也是向北京和天津倾斜，从而形成强者越强、弱者越弱的"马太效应"，导致三者之间的公共服务是不平衡的。特别是北京，作为首都拥有国内最优质的公共服务资源和最完善的公共服务体制。从教育资源来看，北京集聚了全国最优质的教育资源、高等学府、研究机构以及顶尖专家；从养老服务来看，2015年，京津冀三地城乡居民人均基础养老金标准比例为5：3：1，北京的养老金标准是河北的5倍；从医疗资源来看，北京每千人口执业医师数为4.44人，是天津的1.9倍。京津冀三地公共资源分布的不平衡，导致河北省留不住人才，反而因为"虹吸效应"流失高素质人才，成为京津冀协同发展的一个重要障碍。

5. 首都与非首都地区的矛盾明显

从地理位置上看，北京与天津处于河北省的中心地带。其中，北京作为国家首都，是中国的政治文化中心。而天津作为直辖市，是历史悠久的工业发祥地。北京和天津作为河北曾经的首府，如今行政级别都高于河北，导致三地地位差距悬殊和政府地位不平等，而政府地位的不平等也导致了跨区域的平等协商治理制度难以建立。作为国家首都，北京在京津冀地区有绝对的控制力；而天津作为直辖市，在京津冀城市群也有较大的影响力；而河北不仅在政治上相对无足轻重，经济上更是严重滞后，导致在行政协调中，河北始终处于"从属"地位。政治地位的不平等造成了三地经济发展的差距，成为制约三地协调发展的"瓶颈"。

三、京津冀高质量协同发展的动力机制及实现路径

（一）动力机制

京津冀区域合作从最初的提议到实施已经过去了40年，但取得的成果并不令人满意，主要原因是京津冀城市群目前还没有构建成一个自组织系统。首先，要想达到高质量的协同发展，需要政府建立共同的价值和目标导向，这一外部驱动力来自中央政府的规划和引导。其次，要想建立长远合作与协调发展的自组织城市群系统，就要平衡各方利益主体的关系，包括各地区政府之间，也包

括政府、市场、社会组织之间的各种利益关系，要注重了解各方主体的利益诉求，协同它们之间的利益关系，从而释放区域的经济和社会发展的动力，找到"1 + 1 > 2"的共同发展内在动力机制。最后，要想使京津冀城市群高质量协同发展，各方主体要立足实际，建立优势互补和协同发展的联动机制。如图 3 - 6所示。

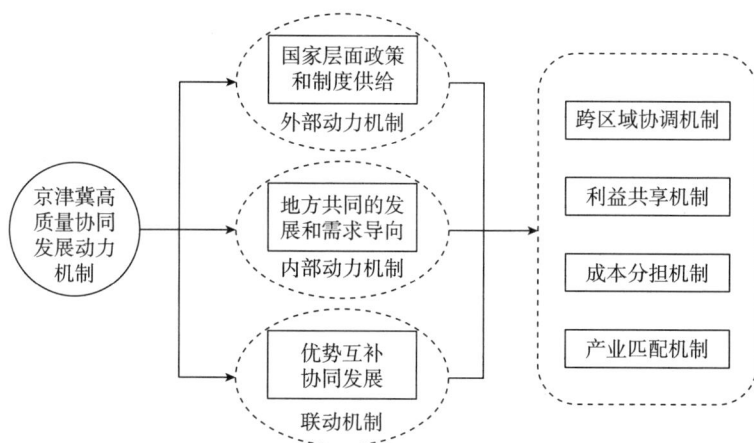

图 3 - 6　京津冀高质量协同发展的动力机制

1. 跨区域协调机制

京津冀区域之所以难以达成合作，是因为行政边界阻碍了区域经济的内在联系以及各种资源和要素在区域之间的自由流通，这不仅导致了区域的市场分割，更直接导致了京津冀区域发展的不平衡性，背离了区域经济一体化协同发展的趋势。因此，中央层面要加强政策和制度供给，和地方政府一起建立协调机制。一方面，要从上到下建立纵向的协调机制。中央通过建立跨区域的协调机制，来为京津冀产业发展布局做一个整体的规划，在制定规划、预算和产业布局时，将京津冀作为一个整体，中央政府要协调地方政府之间的利益关系，解决区域内的矛盾。另一方面，地方政府之间也要构建联系机制，形成常态化的沟通机制，对于各地区的产业发展规划与思路、要素的跨区域流动、跨区域重大项目的建设等问题进行及时沟通。各地方政府职能部门要保证上层决策的实施与落地，为区域协同发展提供良好的支撑环境。同时，各社会组织也要积极构建信息共享平台，为跨区域的企业合作服务，促进区域经济一体化发展。

作为我国最大综合性经济区的长江三角洲地区，经济增长一直保持领先。长三角区域江浙沪三个独立省市也曾面临行政区划分所导致的行政分割和市场割据等问题，经过20多年的摸索，建立起了政府间的合作协商机制。1982年，国务院发出的《关于成立上海经济区和山西能源基地规划办公室的通知》，正式提出了"以上海为中心建立长江三角洲经济圈"的想法。随着工业化进程的不断加快和中央政策的不断调整，20世纪末21世纪初，长三角区域逐渐形成了多层面的区域合作机制，进入21世纪后，跨区域部门间的沟通、协调与合作成为最具效果的合作方式。三地先后签订了《在投资准入、市场秩序、信用信息方面的一体化框架协议》《长江三角洲旅游城市合作宣言》《沪苏浙共同推进长江三角洲区域创新体系建设协议书》等合作协议，推动了长三角区域的一体化进程。目前，长三角地区形成了多层次跨区域政府协商机制的"三级运作机制"，有助于协调解决区域合作中的重大问题与日常事务，该机制切实有效地实现了方向把控与具体实施的结合。政府部门间的合作往来通常由某一城市的相关部门带头，以专题合作的形式进行，只要对其中某一问题进行深刻研究，相关议题就会在其他城市同步进行协商。长三角区域内部层次也在三级运作机制的基础上，不断完善城市合作机制。例如，浙东经济区、南京都市圈通过采用市长联席会议制度形式，以及双向访问、挂职锻炼等政府协商方式，搭建小范围的合作平台，以专业组形式解决区域性发展问题。

2. 利益共享机制

由于京津冀一直以来是三个独立的区域，各个区域的地方政府所代表的都是本区域的利益，所以会形成经济利益壁垒，而三者之间更多的是竞争关系，而非合作关系。因此，要想建立一个协同发展的区域，首先要打破三者之间的经济区域壁垒，发挥京津冀区域合作的积极作用，从而疏导北京非首都功能。如将北京的一些产业转移到河北和天津，同时也要进行利益的重新分配。一直以来，各地方政府将税收作为地方财政收入的重要指标，财政收入也是考核地方政府和官员业绩的重要指标之一，所以地方政府都以本地区经济利益作为重点，税收的争夺是地方政府利益矛盾的重要体现。所以，在京津冀合作中，要合理分配三个区域之间的经济利益，尤其是可以通过税收再分配来达到三者之间的利益共享。这需要政府对财税体制进行改革，破除原有的地方保护主义思维，建立税收协调机制，对转移产业的税收进行合理分配。在推进税收立法的创新方面，要以合理布局京津冀地区产业结构为基础，全面清理税收优惠政策，加强对税收竞争行为的法治监督。在其他方面，如通过建立基础设施共享机制，规划和整合京津冀地区的基础设施资源，对资源配置项目的空间布局进行整合，将交通一体化的工作重心放在加强地域间的合作与分工上，以此促进京津冀地区综合交通运输体系的建立与完善，从而达到降低交通成本的目的。其次中央政府可以通过制定相关政策和规则在区域利益分配过程中发挥作用：一是通过采取税收返还和区域增减机制的方法，调动地方政府参与区域合作的积极性，对资本和产业转入、转出地进行合理补偿。二是通过政府调控，使区域利益分配更加公平化。

3. 成本分担机制

京津冀产业协同发展，要让成本和收益关系对等，使付出的成本得到相应的补偿。要使京津冀区域协同发展，区域间的产业协同发展是重中之重。因此，需要注重在整个产业中所产生的成本与收入之间的分配，要合理地分配三个地区对应的成本承担比例以及红利获得比例。政府既是公共职能的行使主体，也是这一成本的承担主体，需要其建立一个合理的成本分担机制。三地政府通过协商来共同制定一个分配协议，而且要根据在这个协议中所获得利益的高低来分配相应的责任，受益越多承担的责任也就越多，这样才能够更好地推动区域经济的发展，建设好区域内的基础设施和公共服务。此外，交通一体化是京津冀协同发展的骨骼系统和先行领域，完善京津冀地区的交通网络，是疏解北京非首都功能的基本前提。

4. 产业匹配机制

产业转移是京津冀产业协同发展的重要内容，当前京津冀产业转移中存在着结构性矛盾，因此要建立产业双边匹配机制。三地要根据《京津冀协同发展规划纲要》的定位，建立一种新型产业分工与产业转移机制，引导产业有序转移，加强双边信息沟通，改变由于信息不对称造成的产业结构性失衡，逐步消除影响产业转移的机制障碍。第一，三地要建立产业信息发布和产业匹配的平台，通过这一平台，北京可以发布向外转移产业的具体信息，如企业规模、迁移选址要求等，作为承接地的河北、天津要公开承接区的具体信息，如功能、区位、基础设施、土地价格等，使双方信息能够进行专业的自动匹配。第二，要提升天津、河北的承接能力，如产业配套承接能力、教育和医疗保障水平等，从而确保产业转移的合理有序推进。第三，要建立绿色产业转移模式。虽然产业承接可以缩小与先发地区的经济发展差距，但同时要避免转移的产业对承接地区的资源环境造成破坏。因此，承接地区要以绿色 GDP 为尺度，选择产业转移项目，尤其是承接地要以可持续发展为原则，制定保障区域经济绿色可持续发展的政策。

根据珠三角城市群产业协同发展的经验，统筹协调机制作为产业协同和经济一体化首要前提的同时也是其根本保障。珠三角城市群与京津冀、长三角区域有所差异，珠三角城市群因地处广东省境内，行政协调难度和成本都低于其他地区。另外，作为必不可少的硬件设施，交通基础设施建设是产业协同的坚实基础。珠三角城市群对交通基础设施建设的投入力度不断加大，珠三角高速公路、城际轨道、水电气管网等交通基础设施建设稳步推进。为打破区域屏障，不仅建设了覆盖珠三角所有县市的高速公路，同时也建设了区域快速公交走廊。将"零距离换乘"作为服务旅客的目标，对城市客运交通枢纽进行重新规划和建设，使其布局更加合理。通过施行区域内公共交通"一卡通"、车辆通行费年票互认等措施实现电信同城化、交通管理一体化。深圳、广州和珠海作为重点城市，珠三角以其为中心节点进行城际轨道交通建设并呈辐射状覆盖区域内其他主要城市，实现了以广州为中心，主要城市间以及珠三角中部、东部和西部都市圈内部1小时互通。此外，通过推进能源基础设施一体化建设，实现了天然气输送网络与成品油管道网络互联互通，区域内油、气、电同网，真正实现了同价。

（二）实现路径设计

实现规划同编，规划协同是京津冀协同发展的灵魂。区域协同发展的核心是规划协同发展，协调好各城市之间的利益。制定出各城市都能够接受的规划，既是促进区域协同发展的重点，也是协同发展的首要内容和任务。在制定城市群规划的过程中，需要解决区域内城市的共同利益问题、每个城市在这个区域内所充当的角色问题，以及发挥每个城市的自身特色问题，使其相互补充，共同促进区域发展，最后达到利益共享，成为区域共同体，实现城市规划一体化，基础设施一体化，统筹跨行政区的产业发展规划。

实现交通同网，交通协同是京津冀协同发展的动脉。要实现区域内交通网络的流通，建立一个智能综合的交通运输体系，实现城市群内的物流整齐划一，实现各个城市交通同环、收费同价、道路同网、标准同等，这样才能够建设一个综合性的交通网络体系，从而真正实现"30分钟经济圈"、"1小时经济圈"和"2小时经济圈"的建设。交通、通信、水利各种地下管网的体系应当完善，对于以上内容各种衔接不顺畅的问题，北京、天津和河北各城市之间的交通基础建设应该得到完善，相关交通体系互联互通，在完善区域内路网体系的同时统筹布局区域内的机场、港口、铁路等，根据企业内部需求合理布局，制定适合产业发展的道路，降低企业的交通成本，提高规模经济效益。

实现产业同链，产业协同是京津冀协同发展的支撑。打造京津冀区域协同发展需要建立一个联合的产业链，并且产业链在区域内的合理分工极为重要，需要根据区域内城市特点和条件来规划产业分布，同时优化各自的产业结构，延伸产业链，建设产业群，形成一个有链有群型的产业体系。使区域内各城市能够共担经济风险和共享经济利益，形成一个具有经济共同体和利益共同体的综合区域体系。通过区域现代化产业体系的建设促进、提高、完善京津冀产业链区域配套能力，首先积极推进京津冀产业链区域集群化发展，形成从北京知识技术创新源头到天津创新转化基地再到河北先进制造的产业一体化网络构架。其次推动升级高新产业集群，分批对产业链结构进行完善，对创新链进行优化升级，对资金链进行重新配置，使园区链得以延伸以获得更大空间。通过以上方式壮大服务链，以达到推动区域产业基础高级化和产业链现代化的最终目的。

实现城乡同筹，城乡协同是京津冀协同发展的骨架。城市群由城市地区和农村地区组成，所以要想建立协同发展的城市群，首先就要推进城市与农村协同发展，调整两者之间的不平衡性，建立城乡统筹与互动的区域。在建设和完善城市公共服务的同时，也要加强广大农村的基础建设，这样才能够真正建成城乡一体化区域，推动城乡持续发展，实现国家所倡导的城乡统筹发展。具体来说，要对各城市加大内部统筹力度，加快缩小城乡差距。京津冀地区城乡统筹整体水平偏低、城乡差距过大，应在坚持城镇化建设的同时，发展乡村建设，对各个城市城乡产业布局进行优化改革升级，使各地将农业产业发展作为工作基础并围绕其展开工作。农村工业化与城市工业化一体化发展应该得到合理促进，二者齐头并进才能达到预期效果，才能同时提升城乡的经济发展水平，促进城乡之间的统筹协调发展。另外，增大以北京为重点的京津地区的资源和产业向周边协调度差的城市的转移力度。借助对北京非首都功能的疏解将资源和产业向周边城市转移。其中，尤其要注意城乡统筹综合水平重点转移目标应该是平均水平较低的城市，对资源和产业进行合理调节，促进各地区城乡统筹协调平衡发展。

实现市场同体，市场协同是京津冀协同发展的载体。要建立区域协同发展的体系，首先要建立统一的市场，区域内各城市之间的市场，通过规范公平公正的市场竞争秩序，活跃区域内市场主体。区域内的市场化要有统一的准入和退出标准，这样就可以破除地域分割的市场壁垒，确保市场公平竞争，推动区域市场建设的一体化。为了加快资源要素的集聚，就要开展要素市场化配置体系机制综合试点、设置跨区域统筹土地指标、盘活空间资源的土地管理机制，以此探索促进人口、技术、资本、数据等各类要素跨区域自由流动的制度安排。

实现科技同兴，科技协同是京津冀协同发展的驱动力。由于创新是发展的核心动力，要想建立一个持续健康高效发展的城市群，需要提高区域整体发展水平，鼓励区域内的技术创新。建设创新型城市，推动整个区域城市实现创新发展，从而形成研发、教育、科技服务、科技成果转化等在内的创新共同体。投入合理资源用以打造协同创新平台，从而实现信息共享、信息共用、信息共建。对京津冀已有科研资源进行整合，整合目标对接科技创新平台、产业合作平台和创新联盟平台三大平台，对发展资金进行合理整合运用，加快基础研究、转化应用、成果推广等方面在京津冀地区的发展和协同。通过促进发展相关体系形成能推广、可复制的创新协作模式，对总部—生产基地、产业链合作、总部—分支机构、园区共建等多种模式进行有效利用。

实现金融同城，金融协同是京津冀协同发展的资本。要将城市群内的金融产业打造成一个具有整体性的金融网络体系，需要建设一个以中国人民银行为网络处理和安全认证中心，以及与其他商业银行协作的网络平台，从而实现中央银行与各商业银行和其他金融机构的网络互联，以保障安全、高效、统一。在京津冀城市群内实行"金融一卡通"，形成"金融同城"，通存通兑。

实现信息同享，信息协同是京津冀协同发展的桥梁和纽带。首先，加强区域内各城市之间的协同发展，就要保持区域内的信息流畅，打破信息壁垒，建立信息共享机制，从而使区域内各个城市的信息资源共建共享。可以借用互联网技术，实现同城网络互联互通，推动通信系统升级。因此，要加快对京津冀网络基础设施建设速度，推进以5G等新一代网络基础设施为主的新网络建设，提高中关村的影响力，加快中关村在天津、河北等分园新能级建设，构建新平台，加速建设人工智能等一体化融合基础设施。

实现生态同建，生态协同是京津冀协同发展的基础。京津冀地区应该对以下几个方面做到进一步突破：第一，对生态环境资源的产权制度进行创新。相关部门和相关地区应借助中央政府高度关注京津冀地区的机会，抓住京津冀协同发展的契机，在生态环境资源的产权制度问题上有所创新，争取获得先行试点的权利。应将生态环境资源的产权进行划分，将该项目分为所有权和财产权两部分，建立二级产权制度有效管理生态环境系统。第二，明确规定生态补偿标准。按照"破坏者付钱，受益者补偿，治理者得利"的原则，若该地区地方政府的行为导致区域生态环境造成了破坏，那么地方政府就应对此负外部性影响赔付费用；若其他地区良好的生态环境对某地区造成有益的、正外部性影响，那么就应当补偿与该生态服务有关的地方政府。第三，对与生态补偿有关的渠道进行进一步开发。生态利益补偿的主体应该是地方政府，中央政府则起辅助作用，相关部门主要负责建立良好的政策与法制环境，对相关项目进行一定的财政支持。京津冀地区应该细化区域基金体系，通过设立专门的生态利益补偿机制，对相关项目基金提供资金保障。正如习近平总书记所说："绿水青山就是金山银山。"一个城市群要想获得健康持续发展，就必须在整个区域范围内推进生态建设。城市的居民生活需要有一个良好的生态环境，因此城市群需要将区域的生态建设一体化，实现整个区域内人民共享一片蓝天，共饮一河清水。

实现污染同治，环境协同是京津冀协同发展的背景，需要区域内的各城市间建立一个共同治理环境污染的系统，来共同承担全区域内所产生的污染治理责任。治理环境污染问题需要区域内的城市共同合作，而不是由某一个城市完成，实现区域内城市联防联控联治。具体来说，通过建立环评会商、联合执法，在相关部门协同下加强京津冀生态环境的发展；通过加大生态修复治理力度，有效提高京津冀地区生态空间承载能力；对区域空气质量改善目标分阶段稳步推进，制定相关措施并进行完善，有效实现区域空气质量的全面达标；合理利用客观条件如区域资源环境；通过相关政策来调整能源结构。在区域土地开发的同时进行约束，在城市建设的同时发展经济，在增强生产承载能力的同时提高生活空间承载能力。

实现京津冀城市群高质量协同发展的根本路径是要建立京津冀城市群在规划、交通、产业、城乡、市场、科技、金融、信息、生态和环境等多方面的协同发展机制，通过规划同编、交通同网、产业同链、科技同兴、城乡同筹、市场同体、金融同城、生态同建、信息同享和污染同治，实现京津冀城市群由低级协同向高质量协同方向的发展（见图3-7）。

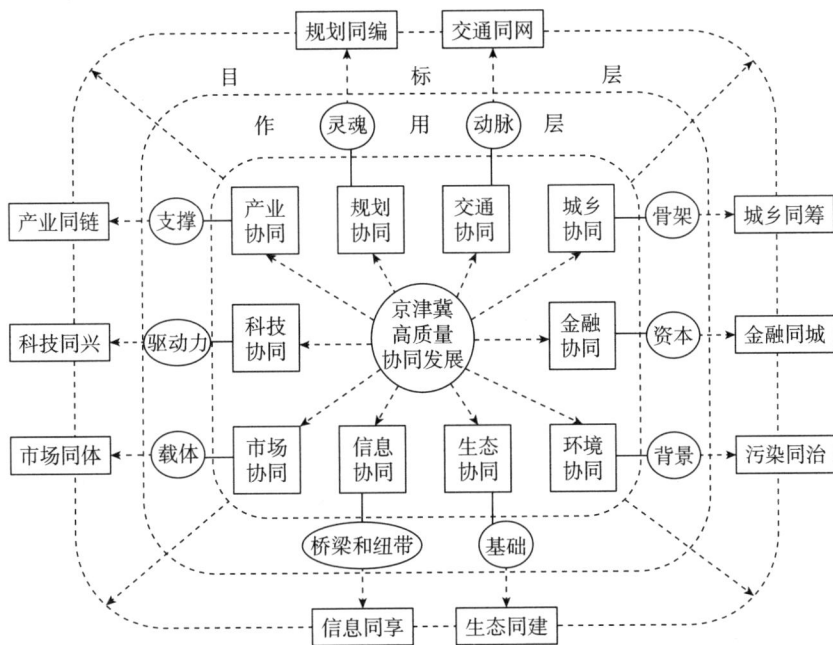

图3-7 京津冀高质量协同发展实现路径

第四章 京津冀协同发展成效的动态评价

    2014 年，习近平总书记在北京考察工作时发表重要讲话，全面深刻地阐述了京津冀协同发展战略，京津冀协同发展正式上升为国家战略。目前，京津冀协同发展的战略布局基本完成，在推进交通一体化、加强生态环境保护、推动产业升级转移三大领域成绩显著，协同创新共同体建设加速推进，公共服务水平稳步提升，京津冀协同发展已进入提质增效的关键阶段。进入高质量发展新阶段，客观、科学地评测"十三五"期间京津冀协同发展质量，识别影响京津冀高质量协同发展的关键因素，对于京津冀"十四五"时期乃至未来更长时期内实现经济高质量协同发展具有十分重要的现实意义和指导意义。尽管此前一些学者已对京津冀协同发展状况进行了一定的定量测度与分析，但已有研究对京津冀协同发展质量的内涵、动力机制及测度评价探索较少。本章将在第二、第三章的基础上，结合京津冀高质量协同发展实际，构建京津冀高质量协同发展指标评价体系，衡量京津冀高质量协同发展水平及变化趋势，并从具体因素着手，深挖京津冀高质量协同发展的关键因素，以期给政府监测京津冀高质量协同发展变动趋势、实施有效调控提供决策依据。

第一节　京津冀协同发展的衡量标准及评估体系设计

一、京津冀高质量协同发展的衡量标准

上文提到，京津冀高质量协同发展的实质就是以京津冀整体经济社会运行为总系统，以京津冀各地区产业、交通、生态等为子系统，通过高素质人才、科学技术及资本等各种资源在时间、空间和功能上的协作互动，打造面向全球市场、发展可持续的京津冀绿色低碳现代产业体系，大幅度地提升区域协作发展综合竞争力，推动京津冀三地实现高质量协同发展，加快打造京津冀世界级城市群。

具体来看，实现京津冀高质量协同发展必须要做到以下两点：第一，京津冀区域经济联系日益密切，区域经济发展结构不断优化，区域分工渐趋合理，区域发展差距逐渐缩小并趋于收敛。第二，京津冀区域的协同发展更注重区域经济质量的提高，着重解决区域发展不平衡、环境制约明显、产业结构失衡等问题，并且强调社会民生等非经济因素。这两方面缺一不可，高质量协同发展的目的是使京津冀区域在经济高质量发展的前提下实现协同发展，如果只强调京津冀协同而忽视了区域经济高质量发展，就是一种无效的协同；如果仅注重地区经济水平的增长，而忽视了经济增长过程中可能导致的环境污染、产业失衡问题，就是一种低质量的增长。

在构建京津冀高质量协同发展评价指标体系前，需要明确京津冀高质量协同发展的衡量标准。任保平、文丰安（2018）认为，高质量发展的标准应包含

经济发展的有效性、协调性、创新性、持续性和分享性等方面。[①] 参考高质量协同发展的内涵，结合京津冀协同发展实际，本书认为京津冀高质量协同发展应该满足高效性、协调性、创新性、可持续性、开放性和共享性。

（一）高效性

高效性是衡量京津冀协同发展质量的重要标准之一。所谓高效性，即经济增长高效率。从效率的角度来评价经济增长，则经济增长可以分为高效率增长和低效率增长。高效率的经济增长通过较少的资源投入获得较大的产出，而低效率的经济增长虽然投入了大量的经济资源，最终产出收益却很低。新常态下，我国经济增长方式从传统的依赖资源数量投入转向资源配置效率提高，从规模速度型转向质量效率型，经济发展的高效性作为京津冀城市群高质量协同发展衡量标准的重要性不断凸显。

（二）协调性

经济结构协调程度是衡量京津冀协同发展质量的基本标准。具体来讲，经济结构包括产业结构、区域结构、城乡结构、投资消费结构等，这些结构是否协调关系着整个经济结构的协调性，进而影响京津冀协同发展的质量。其中，产业结构在整个国民经济结构中占据主导地位。由于产业之间相互依赖、相互影响，因此产业之间相互依赖和相互促进的程度越高，产业结构的协调程度就越高，京津冀协同发展质量就越高。2015 年《京津冀协同发展规划纲要》提到，推动京津冀协同发展，要在京津冀交通一体化、生态环境保护、产业结构升级转移等重点领域率先取得突破，强调了产业结构升级转移的重要性。此外，区域结构、城乡结构等也是国民经济结构的重要方面，是衡量京津冀协同发展质量的重要尺度。

（三）创新性

创新是引领经济发展的第一动力，同时也是衡量京津冀协同发展质量的重

---

① 任保平，文丰安. 新时代中国高质量发展的判断标准、决定因素与实现途径［J］. 改革，2018
（4）：5 – 16.

要标准。京津冀协同发展已进入提质增效的关键阶段，要实现京津冀区域高质量协同发展，突破区域发展"瓶颈"，解决区域发展不平衡的深层次矛盾，根本出路就在于创新。其中，创新能力的高低是判断京津冀区域创新水平的重要指标，也是京津冀实现高质量协同发展的关键。

（四）可持续性

京津冀高质量协同发展的标准必须要把经济发展的可持续性考虑在内。京津冀高质量协同发展不仅要注重区域经济发展速度，更要注重生态环境的保护，生态环境高质量是经济高质量发展的重要支撑。经济要得到发展，势必会消耗自然资源，然而自然资源是有限的，经济要得到可持续发展，就必须合理有效地利用资源，在发展经济的同时，避免过度开发利用，注重生态环境的保护和生态系统的安全。

（五）开放性

京津冀高质量协同发展建立在开放发展的基础上，开放性是判断京津冀协同发展质量的重要尺度。习近平总书记在经济领域专家座谈会上明确指出："新发展格局决不是封闭的国内循环，而是更加开放的国内国际双循环。"京津冀高质量协同发展既要对外开放，与国际市场接轨，又要实现区域开放，促进区域内部经济的互联互通。

（六）共享性

共享性是衡量京津冀高质量协同发展的重要标准之一。京津冀高质量协同发展应该使人民生活质量得到提高，使协同发展成果惠及区域全体人民。如果只重视经济发展水平，忽视人民在教育就业、医疗卫生、交通出行等方面的需求，人民的幸福感就得不到提升，经济发展质量就不高。

二、京津冀高质量协同发展评估体系设计

（一）构建原则

第一，坚持系统性原则。本书基于五大发展理念，构建了包含创新发展、

协调发展、绿色发展、开放发展、共享发展五个维度的京津冀高质量协同发展指标体系。在创新发展指标下，设置创新能力和创新协同两个二级指标。在协调发展指标下，设置城乡协调、区域协调、产业结构和投资消费四个二级指标，分别衡量京津冀区域在城乡、区域、产业结构和投资消费等方面的发展状况。在绿色发展指标下，设置生态状况和环境质量两个二级指标。在开放发展指标下，从对外开放和区域开放两个角度设置二级指标加以测度。在共享发展指标下，设置发展支出和发展质量两个二级指标，综合衡量京津冀区域在教育医疗、社会保障、城市基础设施等方面的发展程度。

第二，坚持问题导向性原则。2014 年后，京津冀协同合作陆续展开，协同发展成效显著。在新的历史条件下，习近平总书记综观我国区域协调发展战略全局、着眼于京津冀协同发展新阶段新特征，指出京津冀协同发展正处于攻坚克难的关键阶段。因此，本书在构建评价指标体系时，综合考虑了京津冀区域协同发展的实际，以问题为导向选择相关评价指标，以便于及时发现新问题，找准发展短板，为政府"十四五"时期乃至更长时期内协同发展决策提供依据。

第三，坚持实用性原则。在选取评价指标时，一方面要考虑评价指标的代表性，选取能反映京津冀高质量协同发展的指标；另一方面要考虑评价指标数据的可得性和可靠性，为保证研究结果的普适性，本书选取的所有评价指标数据均来源于政府发布的官方数据。

(二) 构建逻辑

习近平总书记曾指出，高质量发展就是体现"创新、协调、绿色、开放、共享"新发展理念的发展。因此，本书在借鉴国内外学者对区域协同发展及经济高质量发展研究成果基础上，结合高质量协同发展的内涵及衡量标准，以"创新、协调、绿色、开放、共享"五大发展理念为视角，构建了京津冀高质量协同发展评价指标体系。

该指标体系包含创新发展、协调发展、绿色发展、开放发展、共享发展 5 个一级指标，12 个二级指标，31 个三级指标（见表 4 - 1）。

表4-1　京津冀高质量协同发展评价指标体系

一级指标	二级指标	三级指标	指标属性
创新发展	创新能力	发明专利申请授权数	+
		技术合同成交额占 GDP 比重	+
		R&D 人员	+
		R&D 支出占 GDP 比重	+
		科学技术支出占财政支出比重	+
		专利授权量与 R&D 经费之比	+
		高新技术产业主营业务收入占 GDP 比重	+
	创新协同	北京对津冀的技术交易额	+
协调发展	城乡协调	城乡居民人均可支配收入之比	-
		城乡居民人均消费支出之比	-
	区域协调	人均 GDP 的地区差距（泰尔指数衡量）	-
	产业结构	第三产业从业人员占总从业人员的比重	+
		第三产业占 GDP 比重	+
		第三产业增加值	+
	投资消费	第三产业固定资产投资占总投资比重	+
		最终消费支出占 GDP 比重	-
绿色发展	生态状况	城市建成区绿化覆盖率	+
		生活垃圾无害化处理率	+
		全年空气质量优良天数	+
	环境质量	单位 GDP 废气排放量	-
		单位 GDP 废水排放量	-
开放发展	对外开放	进出口总额占 GDP 比重	+
		实际利用外资额占 GDP 比重	+
	区域开放	京津冀之间铁路货物发出量	+
共享发展	发展支出	社会保障和就业支出占 GDP 比重	+
		教育支出占财政支出比重	+
	发展质量	人均城市道路面积	+
		人均医疗卫生机构床位数	+
		人均公共图书馆总藏量	+
		城乡居民社会养老保险参保人数	+
		人均互联网宽带接入端口数	+

创新发展一级指标包括创新能力和创新协同两个二级指标，用来衡量京津冀地区的创新发展程度。第一，参考国内外关于创新能力的影响因素研究，从创新投入、创新产出、创新环境、创新绩效四个方面衡量创新能力。选取 R&D 人员、R&D 支出占 GDP 比重代表创新投入，选取发明专利申请授权数、技术合同成交额占 GDP 比重代表创新产出，选取科学技术支出占财政支出比重代表创新环境，选取专利授权量与 R&D 经费之比、高新技术产业主营业务收入占 GDP 比重代表创新绩效。第二，综合考虑京津冀协同发展的现实背景，设置北京对津冀的技术交易额指标，以此衡量京津冀创新协同状况。

协调发展一级指标包括城乡协调、区域协调、产业结构和投资消费四个二级指标，用来衡量京津冀地区协调发展程度。第一，城乡协调是京津冀协调发展的重要方面，选取城乡居民人均可支配收入之比和城乡居民人均消费支出之比来代表城乡协调程度。第二，区域协调反映了京津冀三地之间的经济发展差距。本书以泰尔指数计算的人均 GDP 的地区差距作为衡量区域协调程度的主要指标。第三，产业结构反映了京津冀产业之间的协调程度，包括第三产业从业人员占总从业人员的比重、第三产业占 GDP 比重和第三产业增加值三个指标。第四，投资消费结构包括投资率和消费率，本书以第三产业固定资产投资占总投资比重代表投资率，以最终消费支出占 GDP 比重代表消费率。

绿色发展一级指标包括生态状况和环境质量两个二级指标，用来衡量京津冀地区的生态环境状况。在三级指标的选取上，生态状况主要选取了城市建成区绿化覆盖率、生活垃圾无害化处理率、全年空气质量优良天数三个指标，以反映京津冀地区在绿化、垃圾处理、空气质量等方面的状况。环境质量主要选取了单位 GDP 废气排放量和单位 GDP 废水排放量两个指标，以反映京津冀单位产值的废气和废水排放状况。

开放发展一级指标包括对外开放和区域开放两个二级指标，用来衡量京津冀地区的开放程度。其中，对外开放指京津冀地区与国外的经济交往情况，以进出口总额占 GDP 比重、实际利用外资额占 GDP 比重两个指标来衡量。区域开放是指京津冀三地之间的经济交往，包括三地之间人、货和投资的往来情况，但目前由于缺乏相关数据的支撑，无法统计三地之间的货运量和相互投资额，只能以京津冀之间铁路货物发出量这一指标代表区域开放。

共享发展一级指标包括发展支出和发展质量两个二级指标，用来衡量京津冀地区的共享程度。发展支出指用于促进共享发展的政府支出，包括社会保障和就业支出占 GDP 比重和教育支出占财政支出比重两个三级指标。发展质量从社会保障、教育医疗、城市基础设施等角度选取指标，以反映人民生活质量。包括人均城市道路面积、人均医疗卫生机构床位数、人均公共图书馆总藏量、城乡居民社会养老保险参保人数、人均互联网宽带接入端口数五个三级指标。

第二节　京津冀协同发展质量动态测度

一、京津冀协同发展质量测算方法与数据来源

本书采用熵值法测度评价京津冀高质量协同发展水平，具体步骤如下：

（1）数据无量纲化处理。由于不同测度指标量纲不同，指标间数值差异较大，为使指标具有可比性，首先对京津冀高质量协同发展测度指标体系中各测度指标 X_{ij} 进行无量纲化处理。

$$Y_{ij} = \begin{cases} \dfrac{X_{ij} - \min\{X_j\}}{\max\{X_j\} - \min\{X_j\}}, & X_{ij} \text{为正向指标} \\[3mm] \dfrac{\max\{X_j\} - X_{ij}}{\max\{X_j\} - \min\{X_j\}}, & X_{ij} \text{为负向指标} \end{cases} \quad (4-1)$$

其中，i 表示年份，j 表示测度指标，X_{ij} 表示原始指标值，Y_{ij} 表示无量纲化处理后的指标值，$\max\{X_j\}$ 和 $\min\{X_j\}$ 分别表示第 j 个指标在所有年份中的最大值和最小值。

（2）计算第 i 年份第 j 项指标的比重。

$$p_{ij} = \frac{Y_{ij}}{\sum_{i=1}^{n} Y_{ij}} \qquad (4-2)$$

其中，n 为年份数。

（3）计算指标的信息熵。

$$e_j = -\frac{1}{\ln n} \sum_{i=1}^{n} p_{ij} \ln p_{ij} \qquad (4-3)$$

（4）计算指标的差异性系数。

$$g_j = 1 - e_j \qquad (4-4)$$

（5）计算指标权重。

$$w_j = \frac{g_j}{\sum_{j=1}^{m} g_j} \qquad (4-5)$$

（6）计算单项指标评价得分。

$$S_{ij} = W_j \times Y_{ij} \qquad (4-6)$$

（7）计算综合评价指标得分。

$$U_i = \sum_{1}^{q} W_j \times Y_{ij} \qquad (4-7)$$

其中，i 表示年份，U_i 为第 i 年某个二级指标得分，q 为二级指标中具体包含单项指标数，W_j 为第 j 项指标权重，Y_{ij} 为原始数据无量纲化处理后的指标值。

本书选取 2015～2018 年京津冀三地数据对京津冀高质量协同发展进行研究，数据来源于《中国统计年鉴》《京津冀三省市统计年鉴》《中国科技统计年鉴》《中国卫生健康统计年鉴》《京津冀三省市国民经济和社会发展统计公报》《京津冀三省市生态环境状况公报》《北京技术市场统计年报》等。在具体使用过程中：①为了数据的可比性，本书以货币计量的指标值均以 2010 年为基期，采用居民消费价格指数进行处理。②人均 GDP 的地区差距通过泰尔系数进行衡量。此外，除北京对津冀的技术交易额、京津冀之间铁路货物发出量、人均

GDP 的地区差距外，其余指标均利用三地 GDP 之比作为权重对三地原始指标值进行加总，得到京津冀区域指标值，在此基础上对高质量京津冀协同发展进行测度评价。

二、京津冀协同发展质量测度结果

1. 京津冀高质量协同发展总体趋势

首先对京津冀高质量协同发展总体变化趋势进行分析。从表 4 - 2 和图 4 - 1a 可以看出，2015 ~ 2018 年，京津冀高质量协同发展水平呈现逐年上升的趋势，2018 年高质量协同发展为 0.7727，相比 2015 年的 0.2443 上升了 0.5284，年均增长率达 46.79%，说明自 2015 年《京津冀协同发展规划纲要》实施以来，京津冀高质量协同发展水平有了显著提升。值得注意的是，虽然京津冀高质量协同发展整体呈上升趋势，但其增速波动较大，2016 年京津冀高质量协同发展增速为 30.33%，2017 年大幅提升至 76.00%，而 2018 年又回落至 37.88%。

表 4 - 2　2015 ~ 2018 年京津冀高质量协同发展水平

年份	创新发展	协调发展	绿色发展	开放发展	共享发展	高质量协同发展
2015	0.0162	0.0686	0.0000	0.0886	0.0708	0.2443
2016	0.0587	0.1273	0.0601	0.0026	0.0696	0.3184
2017	0.1283	0.1330	0.1065	0.0616	0.1309	0.5604
2018	0.2911	0.1436	0.1423	0.0516	0.1440	0.7727

本书从创新发展、协调发展、绿色发展、开放发展、共享发展五个维度出发，分析京津冀高质量协同发展的驱动因素。从创新发展维度来看，2015 ~ 2018 年创新发展维度呈显著增长态势，2015 年创新发展水平为 0.0162，2018 年创新发展水平为 0.2911，增长了 16.97 倍，是推动京津冀高质量协同发展水平提升的主要动力（见表 4 - 2 和图 4 - 1b）。从协调发展维度来看，协调发展水平呈逐年上升趋势，2015 年协调发展水平为 0.0686，2016 年上升至 0.1273，

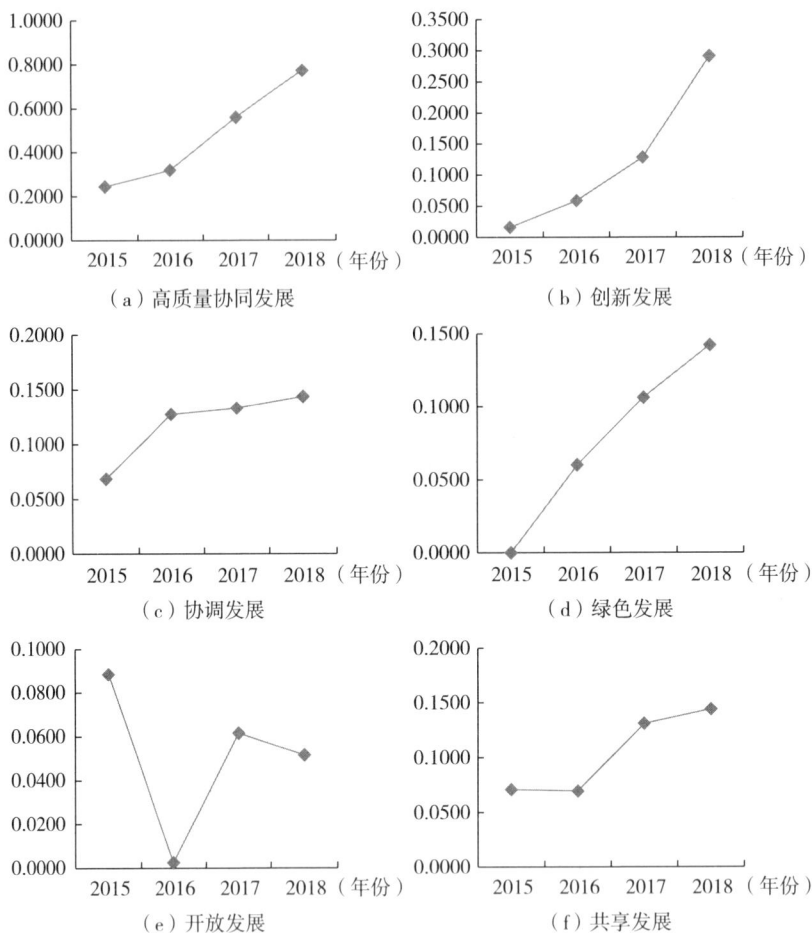

图4-1　2015～2018年京津冀高质量协同发展水平及五大维度指标变化态势

增速为85.57%，但2017～2018年发展速度放缓，后续发展动力不足（见表4-2和图4-1c）。从绿色发展维度来看，2015～2018年，绿色发展水平快速提高，由2015年的0.0000增长到2018年的0.1423，但增长速度呈放缓趋势，是推动京津冀高质量协同发展的重要动力（见表4-2和图4-1d）。需要说明的是，绿色发展水平在2015年为0，只是说明该指标在2015年最低，并不代表京津冀地区绿色发展程度为0。从开放发展维度来看，2015～2018年开放发展水平整体上呈现波动性，2016 年开放发展水平仅为 0.0026，相较于 2015 年下降了 0.086，2017 年开放发展水平又增至 0.0616（见表 4－2 和图 4－1e）。这意味着京津冀开放发展水平易受国内外市场形势的影响，在外部不确定因素的冲击下，致使京津冀开放发展水平波动性较大。从共享发展维度来看，除 2016 年略有下降外，整体上呈上升趋势，2015 年共享发展水平为 0.0708，2018 年为 0.1440，增长了 0.0732，年均增速为 26.70%（见表 4－2 和图 4－1f），是京津冀高质量协同发展的重要动力，但后期增速放缓，发展动力后劲不足。这说明近年来，京津冀三地政府高度重视经济发展成果共享，社会保障等工作取得了一些成果，但仍需进一步加强。

2. 京津冀五大维度指标变化趋势

为了更全面地评价京津冀高质量协同发展在创新、协调、绿色、开放、共享等方面取得的阶段成效，识别影响京津冀高质量协同发展的主要动能和深层障碍，本书具体分析了京津冀五大维度指标的变化趋势及其背后的影响因素。

（1）京津冀创新发展水平。京津冀创新发展维度包括创新能力和创新协同两个方面。从图 4－2 可以看出，2015～2018 年创新能力和创新协同均逐年升高。从创新能力来看，2015 年创新能力为 0.0162，2018 年创新能力为 0.2643，年均增速为 153.63%。其中，发明专利申请授权数、R&D 人员、科学技术支出占财政支出比重等指标上升速度较快。这说明，近些年京津冀地区着力提升创新能力，在创新投入和创新产出方面成效显著。从创新协同来看，2016 年创新协同为 0.0104，2018 年协同创新为 0.0268，年均增速为 60.53%。从具体指标值来看，北京对津冀的技术合同交易额不断增加，由 2015 年的 111.5 亿元上升至 2018 年的 227.4 亿元。这意味着京津冀创新协同状况有所改善，三地之间的创新协作日益增强。

总的来说，创新能力对创新发展的贡献程度及增速显著高于创新协同，京津冀创新能力的提高是拉动京津冀创新发展水平上升的主要因素，而创新协同目前来看对京津冀创新发展的拉动作用有限，创新协同动能尚未完全激发。

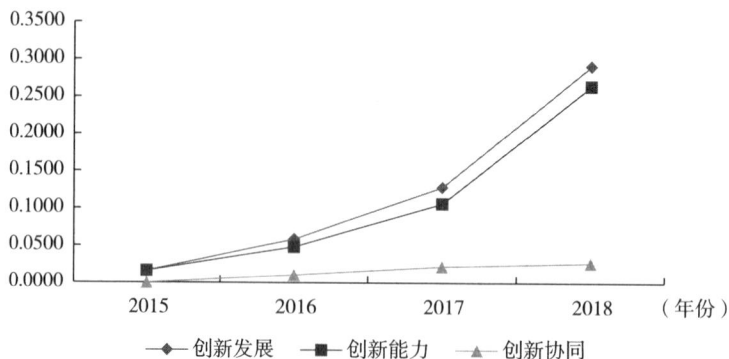

图 4 - 2　2015 ~ 2018 年京津冀创新发展指数变化态势

（2）京津冀协调发展水平。京津冀协调发展水平的提高来源于四个方面，分别为城乡协调、区域协调、产业结构、投资消费。从图 4 - 3 可以看出，2018年，产业结构成为影响京津冀协同发展水平的关键因素。2015 ~ 2018 年产业结构整体呈增长态势，2016 年产业结构为 0.0236，2018 年产业结构上升到 0.1095，年均增速为 115.40%。从具体指标值来看，京津冀区域第三产业从业人员占比由 2016 年的 53.87% 上升至 2018 年的 63.67%，第三产业占 GDP 比重以及第三产业增加值也不断增加。这意味着，京津冀协同发展战略以及《京津冀协同发展规划纲要》实施以来，京津冀区域产业结构不断优化，第三产业逐渐成为京津冀区域发展的重要支撑。从城乡协调来看，2015 ~ 2017 年城乡协调对京津冀协调发展贡献最大，然而 2016 年后城乡协调水平逐渐下降，呈现衰退的特征。从区域协调来看，2015 ~ 2018 年区域协调水平逐年下滑，但波动性不大，整体保持在较低层次。本书用人均 GDP 地区差距的泰尔系数来衡量区域协调，2015 年泰尔系数为 0.2453，2018 年上升到 0.2520，地区经济发展差距加大。区域协调成为制约区域协调发展水平提高的主要"短板"。从投资消费结构来看，虽然 2015 ~ 2018 年投资消费年均增速为 2.46%，但 2016 年后京津冀区域投资消费结构呈现低迷态势，发展动力不足。

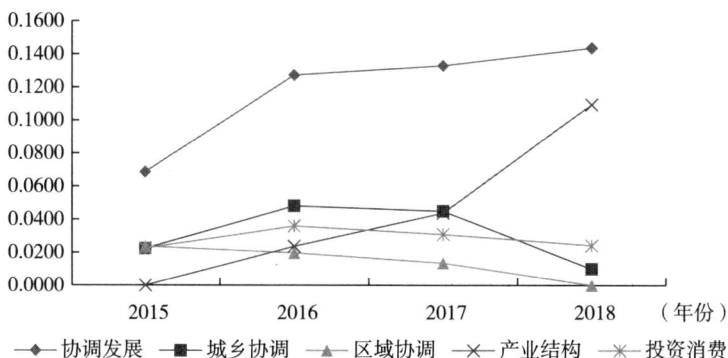

图 4 - 3　2015～2018 年京津冀协调发展指数变化态势

总体来看，产业结构是提高京津冀协调发展水平的主要推动力，城乡协调和区域协调成为显著的制约，是京津冀协调发展水平整体增速缓慢的重要因素。

（3）京津冀绿色发展水平。京津冀绿色发展包括生态状况和环境质量两个方面，评价结果如图 4 - 4 所示。从生态状况来看，2015～2018 年生态状况呈持续增长态势。2016 年生态状况为 0.0362，2018 年上升至 0.0952，年均增速 62.17%。具体表现为生活垃圾无害化处理率、城市建成区绿化覆盖率、全年空气质量优良天数明显上升。说明三地政府高度重视城市生态的保护和建设，城

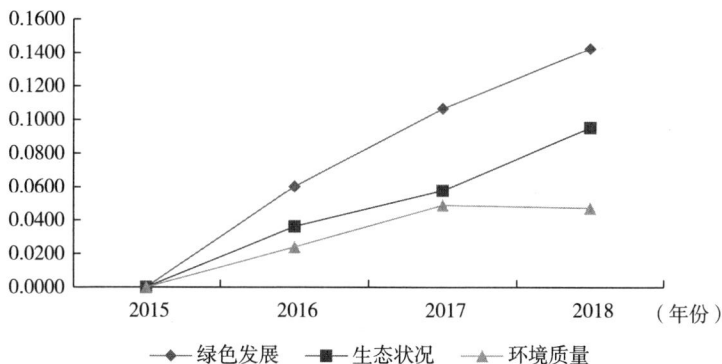

图 4 - 4　2015～2018 年京津冀绿色发展指数变化态势

市绿化和生活垃圾处理的投资加大，大气污染防治攻坚工作持续推进。从环境质量来看，2015～2017 年京津冀环境质量保持平稳增长态势，2018 年出现略微下降。

总体来看，相对于其他维度指标，绿色发展起点较低，但呈平稳增长态势，对京津冀高质量协同发展贡献程度逐渐提高。生态状况改善是京津冀绿色发展水平提升的主要动力。

（4）京津冀开放发展水平。京津冀开放发展包括对外开放和区域开放两个层次。从图 4 - 5 可以看出，由于容易受到国际市场经济和政治环境等方面的影响，2015～2018 年京津冀开放发展水平波动性较大。

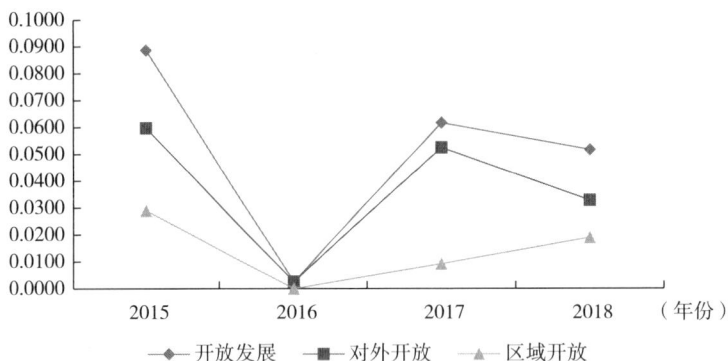

图 4 - 5　2015～2018 年京津冀开放发展指数变化态势

从对外开放水平来看，2016 年对外开放水平下降，之后 2017 年回弹，2018 年又出现下降。从具体指标变动趋势来看，2015～2018 年进出口总额占 GDP 比重指标年均增速为 26.32%，是拉动京津冀对外开放指数增长的主要因素；而 2015～2017 年实际利用外资额占 GDP 比重指标年均增速仅 0.94%，在 2018 年达到最低。

从区域开放水平来看，2015 年为 0.0290，2016 年下降到最低，之后平稳增长，2018 年区域开放水平为 0.0189，但仍低于 2015 年。这表明京津冀区域开放发展水平较低，后期呈平稳增长态势，具有较大的发展潜力。

总体来看，京津冀开放发展指数波动性较大，对外开放是拉动京津冀开放发展水平提升的主要因素，而区域开放发展水平具有较大的发展潜力。

（5）京津冀共享发展水平。本书从发展支出和发展质量两个角度构建京津冀共享发展指标。如图4-6所示，发展质量水平整体呈上升趋势，2018年略有下降，年均增速为20.37%。从具体指标值来看，社会保障和就业支出占比逐年攀升，说明近些年政府高度重视社会保障和就业发展，工作成效显著。教育支出占财政支出比重总体来看呈逐年下降态势，制约了发展支出的快速提升。

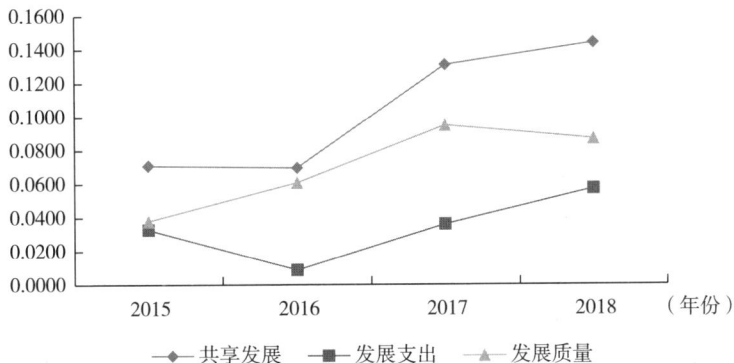

图4-6 2015~2018年京津冀共享发展指数变化态势

发展支出水平除2016年略微下降外，其余年份均保持增长趋势，年均增速为31.75%。其中，人均医疗卫生机构床位数、人均互联网宽带接入端口数、人均公共图书馆总藏量等具体指标值明显上升，是推动京津冀发展质量提升的主要因素。京津冀协同发展战略实施以来，政府致力于推进公共服务一体化，医疗及人文基础设施建设不断增强，互联网市场规模不断扩大。而人均城市道路面积、城乡居民基本养老保险参保人数指标值呈下降态势，发展增速较缓慢，有的年份甚至为负值，发展动力不足，成为制约京津冀发展质量提升的"短板"。

总的来说，京津冀发展质量是京津冀共享发展的主要推动力，同时，政府对社会保障及就业的支出不断增加，是拉动京津冀共享发展水平上升的重要因素。

三、结论与建议

（一）结论

本节以创新发展、协调发展、绿色发展、开放发展、共享发展五个维度为出发点，构建京津冀高质量协同发展评价指标体系，结合 2015～2018 年统计数据，通过熵值法计算三级指标权重，进而得到各维度指标得分及京津冀高质量协同发展综合得分。通过对京津冀高质量协同发展动态测度结果进行分析，不仅能够明晰京津冀高质量协同发展的变化趋势，还能清晰地发现影响京津冀高质量协同发展的关键因素和深层障碍。

本节研究结果主要包括以下几个方面：

第一，分析京津冀高质量协同发展总体趋势及其主要动能和"短板"。京津冀协同发展战略实施以来，京津冀高质量协同发展水平呈逐年上升趋势。2018 年协同发展质量为 0.7727，相比 2015 年的 0.2443 上升了 0.5284，年均增长率达 46.79%。创新发展水平和增长速度明显高于其他维度，是京津冀高质量协同发展的主要动能。协调发展水平相对较低，近些年增速放缓，发展动力不足，而开放发展水平最低，且波动性较大，协调和开放发展是京津冀高质量协同发展的"短板"。绿色发展和共享发展是京津冀高质量协同发展的重要推动因素。

第二，具体分析五大维度指标变动趋势及其影响因素。①从创新发展维度来看，京津冀创新能力提高是推动京津冀创新发展水平提升的主要动力，而创新协同动能尚未完全激发。②从协调发展维度来看，产业结构是京津冀协调发展水平提高的主要推动力，城乡协调和区域协调成为显著的制约，致使京津冀协调发展水平整体增速缓慢。③从绿色发展维度来看，相对于其他维度，绿色发展水平起点较低，但呈平稳增长态势，对京津冀高质量协同发展贡献程度逐渐提高。生态状况改善是京津冀绿色发展水平提升的主要动力。④从开放发展维度来看，2015～2018 年京津冀开放发展水平波动性较大。对外开放是拉动京津冀开放发展水平提升的主要因素，而区域开放发展水平较低，后期缓慢增长，具有较大的发展潜力。⑤从共享发展维度来看，京津冀共享发展是京津冀高质量协同发展的重要动力。进一步分析可以看出，京津冀发展质量是京津冀共享发展的主要推动力。

（二）建议

通过上述京津冀高质量协同发展测度评价结果，本书提出以下几点建议：

（1）加速推进协同创新共同体建设，奋力打造京津冀高质量协同创新发展新引擎。创新发展是推动京津冀高质量协同发展的主要驱动力，习近平总书记指出，京津冀协同发展正处于攻坚克难的关键阶段。因此，亟须打造京津冀协同创新发展新引擎，推动协同创新向深度广度拓展，助力京津冀高质量协同发展。首先，应充分发挥雄安新区创新载体的开放聚合引领作用，加速京津冀三地之间创新要素共同体建设，深化河北与京津创新融合，补齐河北发展"短板"。其次，大力发展高质量科技，以高质量科技集聚国内外创新资源与创新要素。最后，发挥北京对津冀的创新引领作用。目前，北京地区创新资源和成果丰富，创新要素汇聚，津冀相对较弱，三地之间创新水平有较大差距，因此要加快构建多元化协同创新支撑平台，充分发挥北京对津冀的创新辐射作用。

（2）统筹协调京津冀城乡发展，缩小区域经济发展差距。当前，京津冀城乡、区域发展差距仍然较大，是制约京津冀协调发展的主要因素。推进京津冀协调发展，必须优化京津冀地区城乡关系，关键在于处理好城市和农村、发达和落后这两对矛盾。解决这两个矛盾的前提是建立相应的区域协调发展机制，为协调发展提供制度保障。具体来讲，一方面，构建多中心、多层次城镇网络，缓解北京"大城市病"问题，同时促进小城市和农村地区的发展。另一方面，加大跨区域城乡统筹协调发展力度，打破行政区域的限制，最大限度地统筹区域城乡发展。

（3）积极推进京津冀绿色发展，实现发展成果共享。绿色发展和共享发展是京津冀协同发展的重要推动因素。推进京津冀绿色发展，一方面必须加强京津冀生态环境协同治理，构建区域生态环境共建共享机制；另一方面必须加快转变能源消费结构，重点推进河北产业绿色转型。共享发展是京津冀高质量协同发展的应有之义和内在要求，京津冀协同发展战略实施以来，在医疗、社会保障等方面成果显著，然而京津冀三地之间的差距仍然较大，以人均公共图书馆馆藏量来看，2018 年，北京人均公共图书馆馆藏量为 1.34 册，而天津、河北分别为 1.20 册、0.36 册。因此，应立足区域整体协同发展局面，加强区域产业疏解和对接，通过区际补偿促进区域利益的协调平衡，合力推动区域公共服务一体化，使区域发展成果更多惠及于民。

（4）深化京津冀区域开放合作，助推京津冀高质量协同发展。对于京津冀地区，区域开放是对外开放合作的基础和前提。以区域间产业及贸易联系促进三地各种要素自由流动，缩小三地间经济发展差距，提高整体经济实力，助推京津冀高质量协同发展。

第三节　京津冀协同发展与长三角一体化发展的比较

长三角、珠三角和京津冀三大都市圈是拉动我国区域经济发展的"三驾马车"，是促进中国经济发展的三大增长极。其中，长三角和京津冀地区在行政规划和地理分布中存在诸多相似之处，然而二者的发展却大不相同。作为世界上第六大都市圈，长三角地区在一体化发展方面已经取得了长足的进步，以上海市为中心显著带动了区域经济的整体发展，协调合作机制已经建立，合作领域从交通、能源、环境逐渐拓宽到人才、教育等领域。相比之下，京津冀协同发展虽在交通、生态和产业三个领域有所改善，但北京"大城市病""虹吸效应"等问题仍然突出，河北与京津仍然存在巨大的发展差距。因此，把京津冀协同发展与长三角一体化发展情况做对比分析，有利于认清京津冀协同发展面临的现实困难和差距"短板"，把握发展的总体要求，对于加速推进京津冀协同发展、提升京津冀协同发展质量具有重要的理论意义和现实意义。本节将从经济实力、产业发展、公共基础设施、科技创新、城市体系和区域协调机制六个方面对京津冀与长三角地区进行对比分析，并在此基础上找出京津冀协同发展面临的问题。

一、京津冀协同发展与长三角一体化发展的比较

（一）经济实力

从经济总量来看，2015年京津冀地区GDP总量为69359亿元，2019年上升至84580亿元。相比之下，长三角地区的经济增长水平要显著高于京津冀地区，且二者之间的差距在不断扩大（见图4-7a）。2015年长三角地区GDP总量为160132亿元，是京津冀地区生产总值的2.3倍，2019年，长三角经济总量上升至237253亿元，是京津冀地区经济总量的2.8倍。从占全国GDP比重情况来看（见图4-7b），京津冀地区GDP占比呈逐年下降的趋势，2015~2019年下降了1.55个百分点；长三角地区GDP占比始终保持在较高的水平，上升了0.67个百分点。由此可见，京津冀和长三角地区的经济差距在逐渐拉大，且增速低于全国GDP增长平均水平，亟须加速产业结构升级优化，打造创新驱动新引擎，助力京津冀高质量协同发展。

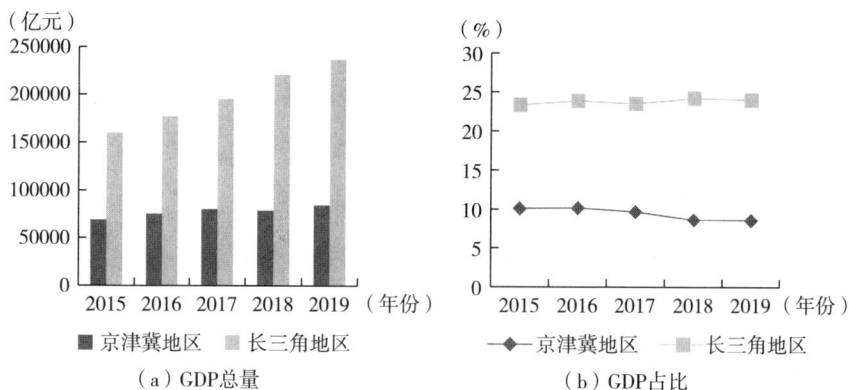

图4-7　2015~2019年京津冀与长三角GDP总量及占比

（二）产业发展

产业发展是区域经济发展的核心，对京津冀地区和长三角地区产业发展情况进行比较分析，可以为京津冀地区产业结构优化、实现产业转型升级提供借鉴与经验。

表4-3为京津冀地区与长三角地区第三产业总体发展情况。从第三产业增加值来看，长三角地区明显高于京津冀地区，且差距在逐年加大；从第三产业增加值占比情况来看，京津冀地区第三产业增加值占GDP比重持续高于50%，并由2015年的56%提高到了2019年的67%，产业结构由工业主导型向服务主导型经济转变态势明显，长三角地区第三产业增加值占GDP比重也始终高于50%，但与京津冀地区第三产业占比还有一定差距；从第三产业从业人员来看，京津冀地区与长三角地区第三产业从业人员规模及占比始终保持平稳扩大的态势，均高于40%，从二者的差距来看，长三角地区第三产业从业人员占比略低于京津冀地区。

表4-3 京津冀地区与长三角地区第三产业总体发展情况对比

年份	第三产业增加值/亿元		第三产业增加值占比/%		第三产业从业人员/万人		第三产业从业人员占比/%	
	京津冀	长三角	京津冀	长三角	京津冀	长三角	京津冀	长三角
2015	8937	81053	56	51	2833	5843	45	41
2016	44009	92464	58	52	2912	5985	46	42
2017	48395	103561	60	53	2990	6166	47	43
2018	52112	120480	66	54	3030	6300	48	44
2019	56481	131365	67	55	—	—	—	—

从两个地区产业发展的总体情况来看，京津冀地区的第三产业增加值占比和第三产业从业人员占比均高于长三角地区，但是这并不意味着京津冀地区产业结构优于长三角地区。表4-4从省级层面列出了京津冀地区与长三角地区第三产业发展概况。首先分析长三角地区，长三角地区第三产业增加值占比分别为上海71%、江苏50%、浙江53%、安徽51%，第三产业从业人员占比情况

分别为上海 66%、江苏 41%、浙江 43%、安徽 40%，由此可以看出，除首位城市上海比重较高，其他三个地区差距很小，产业结构较为均衡。而京津冀地区内三省市第三产业发展差距较大，尤其是北京和河北呈现断崖式差异，致使产业衔接出现断层。2018 年北京第三产业增加值占 GDP 比重为 83%，第三产业从业人员占比为 82%，而与北京邻近的河北仅为 50%、35%，差距悬殊。

表 4 - 4　2018 年京津冀与长三角第三产业发展情况对比

地区	第三产业增加值/亿元	第三产业增加值占比/%	第三产业人员/万人	第三产业从业人员占比/%
北京	27508	83	1010	82
天津	8352	63	551	62
河北	16252	50	1468	35
上海	25546	71	912	66
江苏	46936	50	1953	41
浙江	30719	53	1667	43
安徽	17278	51	1768	40

（三）公共基础设施

公共基础设施是一个地区的社会管理资本，是一个国家或地区全部经济活动、社会活动赖以存在和正常运行的基础条件，这些基础条件在很大程度上决定着一个国家或地区的经济活力和人民的生活水平。公共基础设施建设对于推进京津冀高质量区域协同发展意义重大。

从交通基础设施来看，2018 年长三角地区的公路营业里程为 50.13 万公里，是京津冀公路营业里程的 2.16 倍，铁路营业里程相差不大（见表 4 - 5）。随着京津冀协同发展的推进，京津冀交通一体化进程不断加深，交通基础设施建设不断完善，基本形成了涵盖公路、铁路、航空、港口以及市内公交等多种方式相结合的区域综合交通运输体系，但是与长三角相比仍然存在很大的差距。首先，北京、天津城市轨道交通网络布局比较完善，而河北城市轨道交通网络布局与京津尚存在很大差距。以地铁为例，目前除石家庄外，河北其他各城市均未开通和运营地铁。其次，"十三五"期间，随着京张高铁开通运营，京唐城际、京滨城际等铁路加快建设，但京津冀区域城际铁路网建设仍处于早期发展阶段。与京津冀地区相比，长三角地区基本上已经形成了由江苏省沿江城市群城际轨道交通网、浙江省都市圈城际铁路网、安徽省皖江城际铁路网、皖北城际铁路网组成的较为完善的城际铁路网。

表4-5　2018年京津冀与长三角公共基础设施水平对比

地区	交通		医疗教育	信息基础设施	
	公路营业里程/万公里	铁路营业里程/万公里	人均医疗卫生机构床位数/（张/万人）	人均拥有公共图书馆藏量/（册/人）	人均互联网宽带接入端口数/（个/人）
京津冀	23.19	0.99	54	1.01	0.63
北京	2.33	0.13	57	1.34	0.96
天津	1.63	0.12	43	1.2	0.58
河北	19.33	0.74	55	0.36	0.55
长三角	50.13	1.07	57	1.28	0.81
上海	1.31	0.05	57	3.26	0.77
江苏	15.87	0.31	61	1.16	0.86
浙江	12.07	0.28	58	1.5	1.04
安徽	20.88	0.43	52	0.46	0.53

从医疗基础设施来看，长三角地区人均医疗卫生机构床位数略高于京津冀地区，但是差距不明显，且两个地区内部医疗基础设施相对较为均衡；从人均公共图书馆藏量来看，上海市要显著高于两地区内其他省市，河北和安徽相对其他省市较为薄弱。

进入智能经济时代，信息基础设施建设成为各地区拉动经济的新支点，分析京津冀地区和长三角地区信息基础设施建设地区间差距及地区内部差距，对区域高质量协同发展意义重大。2018年，长三角地区人均互联网宽带接入端口数为0.81个/人，京津冀地区为0.63个/人。长三角地区浙江省人均互联网接入端口数最多，超过1个/人，安徽省仅0.53个/人，与地区内其他省市差距较大。京津冀地区北京人均互联网接入端口数为 0.96 个/人,天津与河北仅为 0.58 个/人、0.55 个/人,因此需要进一步加强信息基础设施建设,补齐基建 "短板",为地区产业向网络化、数字化、智能化方向发展提供支撑。

(四)科技创新

京津冀高质量协同发展离不开科技创新的驱动,因此有必要对京津冀地区 和长三角地区科技创新水平进行比较研究,找出京津冀科技创新发展"短板"。 图4-8为2015~2018年京津冀地区与长三角地区 R&D 人员投入情况。由 图4-8可知,整体来看,长三角地区 R&D 人员明显多于京津冀地区,2018年 长三角地区(包括上海、江苏、浙江和安徽)R&D 人员为192.54万人,是京 津冀地区(包括北京、天津和河北)的2.65倍;从区域内部来看,京津冀地区 北京 R&D 人员显著多于津冀,天津与河北 R&D 人员较为均衡。长三角地区江 苏省 R&D 人员最多,2018年达到79.41万人,是安徽省的3.41倍。

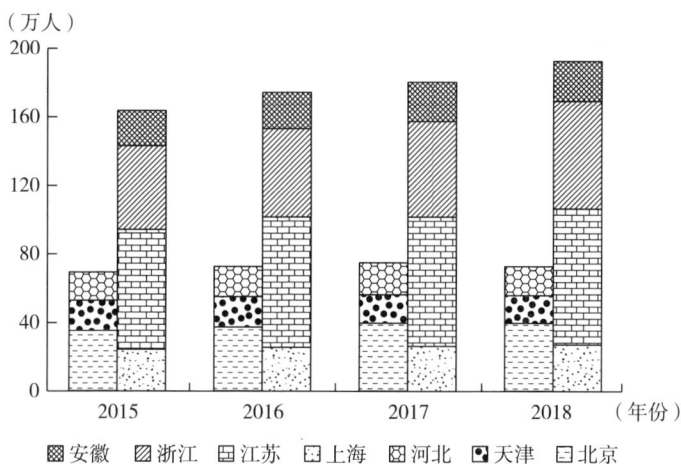

图4-8 2015~2018年京津冀地区与长三角地区 R&D 人员对比

图4-9为2015~2018年京津冀地区与长三角地区创新效率的对比情况, 本书用专利授权量与研发经费支出的比例来表示创新效率,反映地区创新成果 转化能力的高低。由图可知,京津冀地区创新效率呈缓慢上升趋势,长三角地

区创新效率显著高于京津冀地区。整体来看，2015 ~ 2018 年两地区的差距呈缩小态势，由 2015 年的 83.51 下降至 2018 年的 68.80。这说明京津冀地区的创新投入产出效率呈上升趋势，且与长三角地区的差距在缓慢缩小。

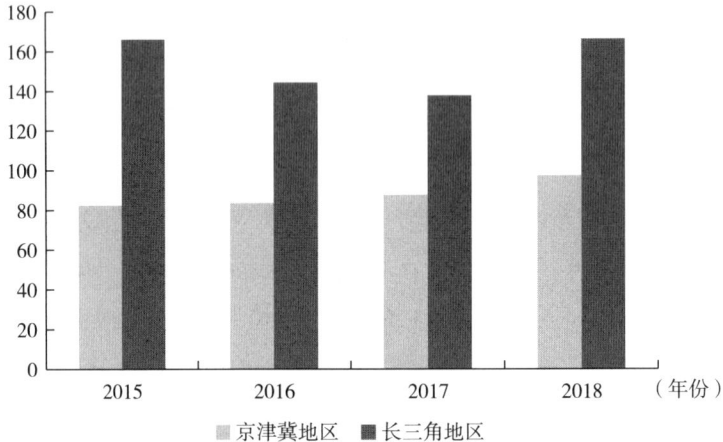

图 4 - 9   京津冀地区与长三角地区创新效率对比

（五）城市体系

根据"城市等级规模法则"（Rank - size Rule），地域城市人口规模呈现一定规则，一个国家或地区的城市应当功能互补、具有整体效益最大化的一组体系，是一个结构和谐、流通流畅的金字塔结构体。表 4 - 6 为 2018 年京津冀地区与长三角地区城市结构梯度对比情况。从表中可以看出，长三角地区城市分布层次清晰，结构合理。其中，第一层次为超大城市上海，是长三角地区的核心和经济文化中心；第二层次为特大城市南京和杭州，分别是两翼省份（江苏和浙江）的核心城市；第三层次包括徐州、常州、苏州、淮安等大型城市。相比之下，京津冀地区城市结构梯度缺乏合理性。从表中还可以看出，京津冀地区城市结构梯度存在断层现象，超大城市处于绝对优势地位，河北省各城市与京津两地发展差距过大，处于弱势地位，由此导致的最直接后果就是京津两地的产业转移缺乏适宜的生存土壤，三地之间的差距进一步加大。

表4-6　2018年京津冀地区与长三角地区城市结构梯度对比

城市划分		城区人口/万人	京津冀	长三角
超大城市		p≥1000	北京、天津	上海
特大城市		500≤p<1000	—	南京、杭州
大城市	Ⅰ型大城市	300≤p<500	石家庄、唐山、邯郸	徐州、常州、苏州、淮安
	Ⅱ型大城市	100≤p<300	保定、秦皇岛、张家口	无锡、南通、连云港、盐城、扬州、镇江、泰州、宿迁、宁波、温州、绍兴、湖州、台州、合肥、蚌埠、芜湖、淮北、淮南、宿州、阜阳、亳州、六安
中等城市		50≤p<100	廊坊、邢台、承德、沧州、衡水	嘉兴、金华、衢州、舟山、马鞍山、铜陵、池州、安庆、宣城、滁州
小城市	Ⅰ型小城市	20≤p<50	—	丽水、黄山
	Ⅱ型小城市	p<20	—	

中心城市往往与周边城市存在聚集与辐射关系，区域经济的高质量发展离不开中心城市的辐射带动作用。长三角地区的首位城市是上海，与第二大城市南京之间的首位度为2.10。作为长三角地区经济中心城市，上海对周边城市的优质要素资源具有巨大的吸附作用，大量优质金融资产和高素质人才纷纷集聚上海。与此同时，上海经济发展也对周边城市区域产生较强的辐射拉动作用。不同于上海市与周边城市共同发展的良好局面，作为京津冀地区的核心城市，北京在经济高速发展的同时却没有向周边城市释放太多的增长红利，甚至出现了对河北省的"虹吸效应"。北京与第二大城市天津的首位度仅为1.27，这意味着中心城市难以发挥对整个地区经济的辐射带动作用。

（六）区域协调机制

体制机制创新是区域经济发展的制度保障，地区高质量协同发展离不开有效的区域协调机制。长三角地区是中国经济最发达、城市化程度最高的区域，随着长三角一体化进程持续推进，长三角地区始终坚持"市场主导"发展原则，不断打破跨区域行政藩篱，优化资源配置，形成了局部利益与整体利益"双赢"的良好格局。相比之下，京津冀协同发展进程荆棘载途，地方政府在交通、产业、生态、公共服务等领域各自为政，体制性障碍已成为京津冀协同发展进程中的主要难题，亟须建立健全一整套行之有效的跨省际区域协调机制。

与长三角地区相比，京津冀地区机制体制创新难度更大。首先，京津冀地区包括全国政治中心北京，带有相对更加明显的政治属性，且国有经济占比较高，地方政府对经济运行干预较高，行政分割问题更加严重。其次，京津冀地区尚未形成统一的经济发展规划，区域内部产业衔接存在明显断层，各地区产业发展的比较优势不明显。与之形成鲜明对比，长三角地区基于错位发展的思路，区域内部各地区产业联系密切，形成了互利共赢的良好发展态势。此外，京津冀地区缺乏高层次全局性的跨区域协调机制。近些年，三地在不同层次、不同领域签订了诸多合作协议，然而顶层设计的核心问题即利益共享机制尚未取得突破，在产业结构、公共基础设施、生态环境等重点领域缺乏全局性统筹规划。

二、京津冀协同发展面临的问题

（一）经济发展相对不平衡

京津冀地区经济发展差距较大，这主要是由京津冀三省市在资源禀赋、产业基础和经济发展方式上的差异造成的。随着京津冀协同发展战略的不断推进，虽然京津冀各地区经济得到了发展，但三地间经济总量差异却呈增长趋势。分析三地人均 GDP 变化情况可知，2015 年北京、天津和河北人均 GDP 分别为 10.60 万元/人、10.69 万元/人和 4.01 万元/人，2019 年北京、天津和河北人均 GDP 分别为 16.41 万元/人、9.03 万元/人和 4.62 万元/人，北京与天津、河北的经济发展差距在不断增大。从产业结构来看，第三产业发展的地区差距最为明显，2019 年北京、天津与河北的第三产业增加值占 GDP 比重分别为 83%、63% 和 51%。

（二）产业关联性相对较差

产业协同是京津冀协同发展的重点领域，也是提高京津冀协同发展质量的关键。京津冀协同发展战略实施以来，京津冀三地遵循"错位发展"的原则，产业分工日益明晰，在各自主导产业和产业功能定位方面差异凸显，然而与长三角地区相比，京津冀地区产业关联性较差，资源配置效率较低。一方面，河北与京津存在极大的产业落差，产业衔接存在断层，致使京津的辐射作用无法扩散到河北。另一方面，目前京津两地产业同质化严重，错位发展和产业分工不明显，在一定程度上制约了京津冀地区产业链条的延伸，加大了疏解北京非首都功能与河北承接产业转移的难度。

（三）体制机制创新有待深化

随着京津冀协同发展战略的不断推进，京津冀协同发展顶层设计已基本完成，疏解北京非首都功能、产业升级转移、交通一体化和生态环境保护等重点领域合作机制部署已初步建立。然而，相对于长三角区域而言，京津冀地区行政分割问题严重，经济发展过程中政治动机和目标明显，市场力量不足，地方政府各自为政和"寻租"现象明显，京津冀协同发展道路严重受阻，亟须创新区域体制机制，破除行政壁垒。

（四）创新发展面临困境

创新驱动是京津冀协同发展的"牛鼻子"，是引领京津冀高质量协同发展的根本动力。虽然京津冀创新水平取得了很大提高，但仍存在一些不足之处：第一，区域内部创新水平差异极其明显，作为京津冀中心城市，北京高新技术产业发达，科技创新资源占据绝对优势，而津冀两地总体创新水平较为薄弱。2018 年，北京 R&D 经费投入是天津市的 3.80 倍，是河北省的 3.74 倍。第二，区域内创新成果转化不足。京津冀地区高等学校和科研机构的创新水平不断提升，创新投入逐年提升，但创新成果转化能力与长三角地区相比还有较大差距。2018 年，京津冀地区专利申请与研发经费投入之比为 97.57 项/亿元，而长三角地区专利申请与研发经费投入之比为 166.37 项/亿元，创新效率差距较大。第三，京津冀地区尚未形成跨区域产业创新链，区域间分工协作程度较低。

第五章 京津冀协同发展率先突破
三个重点领域的创新与探索

第一节 产业领域的协同发展成效

一、京津冀地区发展概况

2014 年习近平总书记关于推进京津冀协同发展的重要讲话，标志着京津冀协同发展上升为国家战略，2020 年是京津冀协同发展实现中期目标的时间节点、关键阶段。京津冀地区发展至今，三地在各方面融合上取得了较好成效。由图 5 - 1 可知，2019 年京津冀区域发展指数为 167.72，比 2018 年提高了 7.59 个百分点。2014 年以来，京津冀区域总发展指数出现了较大幅度提高，2013 ~ 2019 年年均提高 8.3 个百分点，明显快于 2010 ~ 2013 年的年均提高水平。这反映出在京津冀协同发展战略带领下，该区域进入了前所未有的机遇期，将为区域发展提供新增点和新"红利"。

在 GDP 增长速度方面，河北省 GDP 增长速度趋势总体与京津冀地区保持一致，并且京津冀地区总体增速较河北省 GDP 增速要快，近年来，河北省 GDP 增速有所下降，但是地区生产总值占比仍然保持在 44% 左右。

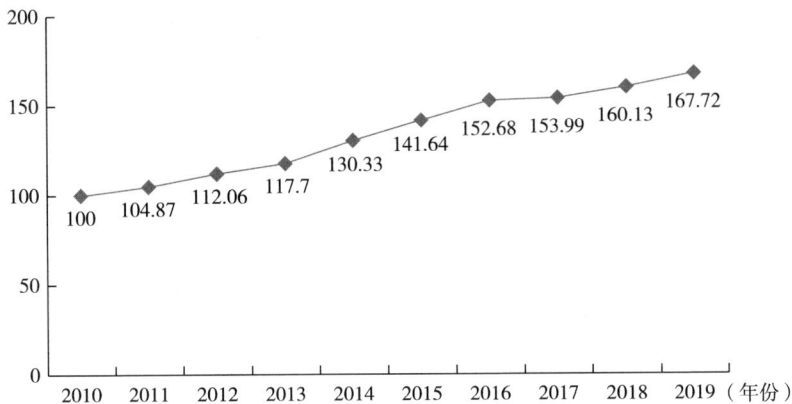

图 5-1　京津冀区域总发展指数

从产业结构和产业贡献率来看，京津冀三地产业的同构化现象较为显著，并且主要集中于工业制造业。北京和天津产业结构相似度较高，且第一产业和第二产业相似度系数最高。由于河北省第一产业方面资源丰富，发展优势较为明显，所以河北与京津两地在第一产业方面的相似度是比较低的。同时，第三产业同构化现象也不明显，因为北京第三产业多是高新技术、金融服务等现代服务业，天津市主要集中于生产性服务业，河北省第三产业层次较低，多为传统服务业。

二、京津冀产业协同成效分析

在新冠肺炎疫情影响下，我国产业发展面临的外部环境不确定性加强，深刻影响着京津冀产业协同发展，在这种情况下，本节对京津冀产业协同发展的相关政策制定和实施过程进行梳理，并对实施成效进行定性分析。

2015 年，中共中央、国务院印发了《京津冀协同发展规划纲要》，设定了京津冀协同发展的长期目标，即到 2030 年，基本形成一体化格局，并且成为具有较强国际竞争力和影响力的重要区域。为更好地推进京津冀产业协同发展，中央和地方政府既有顶层设计的产业协同政策，又有专项产业政策和配套支撑政策。在有关产业发展及对接方面，2015 年 9 月，河北省工信厅、北京市经信委、唐山市政府出台了《北京（曹妃甸）现代产业发展实验区产业发展规划》，将曹妃甸建设成京津冀产业协同发展的重要增长极。2016 年 6 月，工业和信息化部、北京市人民政府、天津市人民政府以及河北省人民政府出台了《京津冀产业转移指南》推动产业协同发展，引导产业进行有序转移。2017 年 6 月，北京市经信委、天津市工信委和河北省工信厅发布的《京津冀协同推进北斗导航与位置服务产业发展行动方案（2017—2020 年)》确定了京津冀协同发展的切入点和先行手段。2017 年 12 月，为引导京津冀产业有序转移和精准对接，京津冀发展和改革委出台了《关于加强京津冀产业转移承接重点平台建设的意见》。2018 年 1 月，工业和信息化部发布的《产业转移指导目录》推动了京津冀产业合理有序转移，促进了区域协调发展。还包括 2019 年 1 月北京市人民政府和河北省人民政府发布的《北京市人民政府　河北省人民政府关于进一步加强非首都功能疏解和重点承接平台建设合作协议》以及 2020 年 3 月出台的《北京市通州区与河北省三河、大厂、香河三县市协同发展规划》。在这一系列政策的保障下，京津冀产业协同发展在有序疏解北京非首都功能方面成效显著，在产业对接方面也取得了重大进展，同时京津冀三地的产业定位和分工越来越明晰。

三、实证方法及结果分析

通过上节政策回顾，京津冀协同发展取得显著成效，因此本节以北京对河北省经济发展的影响为例，研究京津冀地区间的互动关系。北京创新能力和经济实力雄厚，创新能力和投资规模多年居全国前列，对周边地区的发展影响深远。而河北省在上述两个方面的实力相对较弱，因此选取两地互动为例。本节以柯布—道格拉斯函数为计量模型，以北京技术和投资为因素变量，加入河北省的生产函数。具体模型如下：

$$Y_{HB} = Af(K_{HB}, L_{HB}, I_{BJ}, S_{BJ}) = AK_{HB}^a L_{HB}^b I_{BJ}^c S_{BJ}^d \qquad (5-1)$$

其中，Y_{HB} 表示河北省的经济规模变量，A 表示河北省技术进步变量，K_{HB} 表示河北省资本存量，L_{HB} 表示河北省劳动力变量，I_{BJ} 表示北京市投资水平，S_{BJ} 表示北京市 R&D 水平，以 R&D 内部支出作为替代变量，a 表示河北省资本存量的影响系数，b 表示河北省劳动力的影响系数，c 表示北京市投资的影响系数，d 表示北京市 R&D 的影响系数。

并且河北省资本存量采用永续盘存法进行核算，永续盘存法的计算公式如下：

$$K_t = K_{t-1}(1 - \xi_t) + I_t \qquad (5-2)$$

其中，K_t 表示 t 期期末资本存量，I_t 表示 t 期发生的投资额，ξ_t 表示 t 期各类资产的平均重置率。以 1990 年以后的时间序列为研究对象，估算了河北省1990 年基准年的资本存量，折旧率为 9.6%。投资变量以《河北省经济年鉴》提供的固定资产投资价格指数为基础进行价格修正，并且选取河北省 GDP 作为经济规模指标；其他省市 GDP 数据来源于《中国统计年鉴》；选择就业年限作为劳动力投入量，该数据来源于《河北省经济年鉴》。但在统计口径的影响下，只能用就业来代替。北京 R&D 数据来源于《中国科学技术统计年鉴》。对上述模型两边取对数后，线性回归分析如式（5-3）所示：

$$\ln(Y_{HB}) = a\ln(K_{HB}) + b\ln(L_{HB}) + c\ln(I_{BJ}) + d\ln(S_{BJ}) \qquad (5-3)$$

运用 Stata 进行线性回归，得到相关系数为 0.909，在一定程度上说明方程拟合较好。具体系数及实证结果如表 5-1 所示。回归结果表明，除了劳动力变量对河北省经济增长的影响不显著外，其他影响因素的影响力度虽有不同，但均通过了模型检验。说明河北省目前的经济发展除了受到自身因素的影响外，还受到了北京市的影响，而且北京创新和投资对河北经济发展影响具有明显的显著性。其中，科技影响系数为负，说明北京科技创新对河北省有负面影响，即"虹吸效应"。实际情况也证实了该模型的结论，河北省的许多科技人才都集聚到了北京。而北京市 R&D 支出的增加对河北省经济发展却没有积极影响。北京投资对河北经济发展的影响系数为正，说明北京投资对河北省有正向影响，这也比较符合实际情况。如北京市产业发展基础较好，在河北省形成辐射效应，带动河北省产业结构升级。以天津市为例，分析京津冀各地区间产业发展的互动关系，天津市在信息安全和动力电池两个产业集群方面一直走在全国前列，并形成世界级先进制造业集群，且天津形成了比较完备的装备制造业体系。根据经验判断，其发展速度、发展规模和发展水平应该对周边地区产生重要影响。河北省毗邻天津市，装备制造业是其支柱产业。天津市装备制造业集群的外溢，河北省装备制造业的发展是否受到天津制造业的影响，是本节的重点研究内容之一。

表 5-1　模型系数及检验结果

$\ln(Y_{HB})$	系数	标准差	t 值	P 值
$\ln(K_{HB})$	1.123	0.161	5.060	0.000
$\ln(L_{HB})$	-1.679	1.721	-1.040	0.234
$\ln(I_{BJ})$	0.234	0.104	2.260	0.041
$\ln(S_{BJ})$	-0.159	0.034	-3.910	0.000
C	11.647	3.234	1.031	0.432

按照行业分类标准，装备制造业一般包括金属制品业、通用设备制造业、特种设备制造业、交通运输设备制造业、电气及装备制造业、通信设备及计算机等电子设备制造业、文化办公机械制造业。本节使用的河北省和天津市装备制造业规模、资本存量、研发等数据均是按照本标准进行分类的。数据主要来源于《河北省经济年鉴》和《天津统计年鉴》，以柯布—道格拉斯生产函数为模型，以天津市装备制造业的资本存量和 R&D 变量为因子变量，加入河北省装备制造业的生产函数中，形成如下模型：

$$\ln(ZY_{HB}) = = e\ln(ZK_{HB}) + f\ln(ZL_{HB}) + g\ln(ZI_{TJ}) + h\ln(ZS_{TJ}) \qquad (5-4)$$

其中，ZY_{HB} 为河北省装备制造业规模变量，ZK_{HB} 为河北省装备制造业资本存量，ZL_{HB} 为河北省装备制造业的劳动力投入变量，ZI_{TJ} 为天津市装备制造业的投资变量，ZS_{TJ} 为天津市装备制造业 R&D 投入变量，e 为河北省资本存量影响系数，f 为河北省劳动影响系数，g 为天津市投资影响系数，h 为天津市 R&D 影响系数。对模型进行回归分析，调整后模型的相关系数为 0.991，说明方程拟合程度较好，具体系数及实证结果如表 5-2 所示。

表 5-2　模型系数及检验结果

ln（ZY）	系数	标准差	T 值	P 值
ln（ZL）	0.205	0.172	1.490	0.188
ln（ZK）	0.408	0.198	3.333	0.000
ln（ZI）	0.088	0.278	0.321	0.789
ln（ZS）	0.281	0.311	0.911	0.399
C	-0.600	1.309	-0.530	0.761

如表 5-2 所示，只有河北省装备制造业资本存量通过了模型检验，河北省装备制造业劳动力投入变量、天津市装备制造业投资变量和 R&D 投入变量不显著，其中，河北省装备制造业劳动力投入变量不显著与上述原因相似，主要是受统计口径的影响。而天津市装备制造业投资变量不显著，主要是由于两地之间缺乏配套与合作。例如，天津市在零部件制造、金属制品加工等方面具有优势，但在整机制造方面与河北省缺乏合作。在研发方面，天津市装备制造业的整体研发水平还处于技术引进和模仿阶段，它的外向性和辐射性不强，所以河北省装备制造业并没有受到显著影响。

四、政策建议

通过上述实证结果，本节提出以下几点建议：

（1）制定区域性法律法规，对京津冀经济和产业发展实行统一管理。随着京津冀区域经济的发展，《天津市机动车和非道路移动机械排放污染防治条例》以及同一条例的河北版和北京版的实施，可以为京津冀的区域经济合作与发展提供法律支持，实现其由行政约束向法律约束的转变。

（2）按照区域经济一体化思路，推进跨区域产业合作与协调，加强重点工业园区与产业集聚的互动合作。采取"园区＋园区""园区＋政府""园区＋企业""企业＋政府""政府＋政府"等多种合作模式，鼓励京津冀园区、企业在上游建立分园区、区域分中心；实施中下游园区合作示范项目，建立重点产业合作示范区；发挥中心城市的辐射带动作用，建立中心城市与周边中小城市相互影响、相互依存的良好互动关系，依托京津冀主要城市，增强中心城市的主导作用。

（3）发展上游区域经济要发挥物流优势，承接京津区域电子信息制造业和高端装备制造业的下游产业转移，协调区域产业链上下游"堵点"事项，实现京津冀产业链上下游协同发展。以天津为中心，实现电子信息、高端装备制造业、新材料、新能源等产业集聚；以石家庄为中心，实现制造业、生物医药、高端装备制造业和科技信息服务等产业集聚，并积极承接来自北京产业梯度的转移。河北应着力提升汽车、装备制造业等产业的国际竞争力，加快发展生产性服务业，发展高新技术产业和装备制造业基地，积极承接北京产业转移，逐步使战略性新兴产业成为推动经济发展的主导力量。而北京周边城市应加快金融、物流、信息和研发等生产性服务业的发展，打造具有世界影响力的商务中心、现代服务业中心和先进制造业中心；加快高耗能、高污染产业的结构升级；发展海洋装备制造业，依托河北大型钢铁企业，加快发展优质钢材，构建钢铁产业循环经济链；加快空间技术向新材料、新能源、节能技术、信息技术、特种装备、特种制造等领域拓展。

（4）优化区域经济和产业发展要素配置，制定统一的京津冀产业发展和空间布局规划，结合本地区特点确定产业功能区，合理优化主要生产力布局。综合考虑京津冀区域整体消费市场、运输半径、资源禀赋和环境容量等因素，以资源为依托的重大项目优先安排在河北省；北京、天津地区优先发展依赖技术资源和进口资源的重大项目，以减少资源的大规模流动和产品的跨区域流动。发挥京津冀各地区的比较优势和综合优势，依托区域中心城市，培育发展一批具有核心竞争力的优势产业集群，促进汽车等资源型产业集群的发展，培育一批高端装备、新材料、生物医药等战略性新兴产业基地，发展一批新的世界级产业集群和产业基地。

（5）改善制造业与服务业的耦合发展，研发、关键装备、核心零部件等高端行业和产业基地需要在产业转型升级中发挥主导作用，突破关键装备制造能力，提高国产化和集成化水平；提高关键基础设施材料自给率，加快关键基础材料的产业化和规模化发展，解决先进制造业发展中的"瓶颈"问题。

（6）加强京津冀地区的服务集聚、辐射和创新功能，完善产前研发、设计，中期管理、融资租赁及物流配送、市场营销、售后服务等方面的能力，拓展生产性服务业发展空间，促进生产性服务业发展，提高其与制造业协调水平的耦合度，延伸产业价值链。促进制造业与互联网产业的发展，要加大对信息基础设施建设的投入，支持京津冀各地区加快新型基础设施建设。

五、小结

本节主要通过分析京津冀区域经济和产业发展现状，构建区域经济协同发展模型和产业协同发展模型，研究并提出了影响区域竞争力的主要问题，并结合实证分析提出京津冀区域产业发展的相关建议。本节主要从经济和产业角度分析京津冀城市间的互动关系，对产业布局和政策协调具有一定的现实意义。

第二节　交通领域的协同发展成效

京津冀协同发展的核心是要以疏解北京非首都功能、解决北京"大城市病"为基本出发点，调整优化城市布局，推进产业升级转移，打造现代化新型首都圈。交通运输是其中首要的因素，是连接三地的主要媒介，在协同发展中起到关键的基础作用，也是相对较容易突破的地方，对区域内资源流动和城市功能支撑起到至关重要的作用，区域交通一体化需率先实现突破。

一、京津冀交通网络发展现状

目前，京津冀地区已基本形成了与长三角和珠三角等发达地区水平相当的交通运输能力，形成了集公路、铁路、航空以及港口等多种运输方式于一体的综合性交通运输体系，为推动京津冀协同发展奠定了坚实的基础。随着京津冀地区经济发展规模的不断扩大、产业结构持续优化、城镇化率以及居民收入水平大幅度提升，京津冀城市群综合交通运输体系也实现了跨越式发展，城市群内部、城市群与其他地区之间的联系也变得更为紧密，交流日益频繁。以北京市为中心的"半小时通勤圈"逐步扩大，"京津保1小时交通圈"构建完成；京津冀地区已累计打通"断头路""瓶颈路"1600千米。

京津冀交通网络发展状况具体表现在以下几个方面：①公路建设方面，京津冀地区的公路设施是我国陆路交通网络密度较高的地区之一，区域内大部分地区已通达高速公路，并形成以北京为中心，向外辐射状的环形路网结构，并且公路网密度远超全国平均水平。②铁路建设方面，京津冀地区铁路网主要形成了以北京为中心，以京哈、京广、京沪高铁和京津城际铁路为骨架，京沈铁路、津秦城际等为主的网络结构，该铁路网分为三个层级，包括城际铁路、一般铁路和高铁铁路，并且除部分地区外，京广和京沪沿线地级城市已全部实现了高铁通车。③航空建设方面，现阶段京津冀内共有军用机场和民用机场10个，其中军用机场3个、民用机场7个，特别是三期竣工后的首都国际机场是我国运输量最大、航班最密集的航空港。④港口建设方面，京津冀主要以天津港、秦皇岛港、黄骅港和唐山港为媒介，打开了该区域与世界接轨的海上窗口。其中，我国北方区域吞吐货物最大的港口是天津港，秦皇岛港、黄骅港和唐山港是河北省的重要港口，主要以煤炭运输为主。

对于京津冀地区经济发展而言，交通既是重要联系纽带，也是发展的重点内容。要实现京津冀城市群一体化发展，必须率先实现交通一体化。尽管目前京津冀地区交通基础设施已修建了很多，但其对经济协同发展的贡献程度还有待进一步加强。从整体的交通表现来看，京津冀城际交通网是以北京为核心向周围扩散，以城市作为连接点，进行双向甚至多向经济交流。但也存在不畅交通网络情况，由此产生中心城市过度饱和，人口更加集中的问题。轨道交通铺网不完善，对于道路拥挤和交通费时的问题不能给予及时解决，降低了地区出行效率。

二、京津冀交通一体化发展存在的问题

截至目前，京津冀交通一体化取得了诸多成就，但是与最初设定的综合交通网络目标相比，还存在一些亟须解决的问题。在快速、便捷、高效方面，城际交通衔接不畅、中心城市交通拥堵严重；在大容量方面，基础设施投资压力大、资金缺口大。

（1）城际交通衔接不畅，且核心城市交通拥堵严重。京津冀地区城际间特别是北京、天津与河北地级城市间的客运基础设施严重滞后，严重影响京津与河北地级城市间的人才、资源流通，当前京津、津保城际线路发展较为完善，其他城际间客运量较少，严重影响节点城市间的互联互通。同时，相较于北京，津冀两地的城市轨道交通发展缓慢，严重影响其与周边海港和空港交通系统的对接。

京津冀核心城市常住人口、外来流动人口较多，每天通勤及重大节假日交通运输量巨大，且拥堵已形成常态，对城市生产运作及人们生活造成了较大困扰。比如，京津冀的铁路运输功能过度集中于北京，而其他核心城市如天津和石家庄的交通运输功能反而没有得到充分利用，这不仅加大了北京铁路交通压力，还对其地铁、公路交通等内部配套系统产生了巨大负担。

（2）京津冀三地航空资源对接不足，造成部分资源浪费。北京首都国际机场每天运输量充足，而河北正定机场和天津滨海国际机场却存在资源利用低下的问题。三地空运交通一体化有待提升，并没有实现空运乘客的有效转接，造成资源浪费和闲置。

（3）京津冀轨道交通建设滞后。作为快速便利的交通方式，轨道交通深受国内外居民的欢迎，与发达国家和地区相比，京津冀地区为快速疏散人口，需加大轨道交通设施建设，但是三地轨道交通建设处于滞后状态，特别是河北，这样不仅会造成交通压力，也会降低出行效率。

因此，对轨道交通设施投资压力较大，资金缺口也比较大。交通设施投资具有周期长、规模大的特征，对社会资金吸收能力低，为政府进行轨道交通基础设施建设带来了很大的资金困境。

（4）交通部署格局单一，无法适应地区快速发展的需要。京津冀地区主要以北京的交通建设为主，呈现出单一的中心放射状并向外扩散的模式。同发达的国家城市群相比，这种单一的放射状扩散模式的交通网络并不利于发挥经济溢出效应，以日本东海道城市群为例，该城市群的交通呈现出横线沿海铺展、多个同心圆结构及纵横的矩阵结构相连接，结构更加紧密，联系更为有效。

三、对策建议

京津冀地区资源丰富，但是交通建设的局限性未能使资源发挥其相对优势。因此，为深入推进京津冀协同发展，加快推进区域要素流动，实现经济溢出效应和交通互联互通的长效机制，本节主要从以下几个方面提出对策建议：

（1）优化航空资源布局。京津冀三地航空资源布局不均、资源限制和资源浪费现象突出，究其原因是交通堵塞和公路迁回，因此，可增设跨地区高速公路，将加快布局规划城际机场高速作为优化航空交通资源的重要路径之一。

（2）构建交通基础设施和信息服务一体化。在现有交通资源的基础上，合理规划新建路网情况，充分考虑京津冀城市群各城镇之间的经济社会发展水平及差异，以地区交通枢纽为发展重点，以分解北京交通压力为重心，破除单一发展模式，依托冬季奥林匹克运动会和河北雄安新区规划建设，建立发散型与环型相结合的发展格局，统筹京津冀三地之间多种交通方式的接驳换乘，将京津冀各城市连接起来。同时，运用大数据技术，加快建设京津冀交通信息资源共享平台，实时跟进和发布京津冀交通一体化建设情况，统筹整合京、津、冀三地交通信息资源，服务京津冀交通一体化的发展。推动航空、铁路、公交等联运发展，有效提升客运服务一体化水平。

（3）多中心发展，缓解中心城市的交通压力。京津冀地区的交通模式以北京交通为中心，呈向周围城市扩散的单一放射状形态，这种单一的放射状模式不仅局限了交通功能的发挥，也在一定程度上阻碍了城市间的经济溢出。因此，需实施多中心发展，构成同心圆，缓解中心城市的交通压力。

（4）加强政策保障和法律法规建设。交通一体化具有投资大、时间紧的特点，因此在加大国家资本投入的同时，应建立跨区域的投融资平台，制定相关政策，吸引社会资本参与交通项目建设。并且根据利益共享、风险共担的原则，通过补贴或者税收减免等方式鼓励和帮助社会资本参与到京津冀交通建设中来，进而利用社会资本的专业性共同开展交通项目管理。同时使用政策手段及时解决交通一体化过程中产生的问题，推动京津冀交通建设的长期持续发展。

四、交通一体化对区域经济协同发展的影响

国内外学者对交通运输与区域经济发展的关系进行了大量研究，Jeffery（2010）和 Behrens（2011）认为，道路基础设施水平对经济发展具有重要的作用，且具有良好交通设施的国家贸易水平也较高，其经济发展也更为均衡，国内学者张学良等（2012）、吕稼欢等（2016）也有类似的研究结论。在交通一体化的基础上，因公路可通过客运周转、货运周转等方式对京津冀区域经济发展起到极其重要的作用，加大对公路建设的投资力度，扩大公路路网密度，并对其进行改造升级，同时尽快打通京津冀地区间的"断头路"，实现京津冀高等级公路区域全覆盖，将在很大程度上促进区域经济的循环与发展。相反，铁路发展对经济的促进作用具有一定的滞后性，所以需要特别重视铁路建设对京津冀经济影响的时效性，也需加快形成干线铁路、城际铁路、市郊铁路以及地铁等相互支撑的完备的轨道交通网络体系。

京津冀三地在经济发展水平和经济结构上都存在较大的差距，因此，一方面，在京津冀三省市经济占比中，河北省占比从2015年的44%下降到2019年的42%，天津市占比从2015年的23%下降到2019年的17%，而北京市的经济占比增幅较大，从2015年的33%上升到2019年的42%。天津市2019年经济总量占三省市经济总量的17%，北京市占比为42%，河北省占比为42%，从经济总量来看，北京市生产总值比河北省稍小。因此，京津冀三省市经济总量中河北省占比最高，北京市次之，天津市最低（见表5-3）。

表5-3 京津冀三省市经济占比情况 单位:%

年份	2015	2016	2017	2018	2019
北京	33	34	34	35	42
天津	23	23	24	23	17
河北	44	43	42	42	42

另一方面，交通一体化对京津冀协同经济发展的影响。以经济密度比值变化来分析京津冀整体经济的协同发展状况，2012年、2014年、2016年、2018年、2019年京津冀经济密度之比分别为：北京/河北：7.706、8.341、9.000、9.001、10.5926；天津/河北：7.662、8.445、8.881、8.900、7.3390；北京/天津：1.006、0.988、1.013、1.002、1.8287。北京与河北的经济密度比值整

体呈现出较为平稳的上升趋势，特别是 2019 年增长速度加快；天津与河北的经济密度比值也呈现上升趋势，但在 2019 年出现下滑；而北京与天津的经济密度比值出现先下降后上升的趋势。因此，从京津冀区域整体来看，经济发展不均衡且产业发展不均匀，京津两地经济集聚现象明显，相对于河北省经济来说，北京和天津经济发展速度过快，河北省发展速度较为缓慢。具体如表 5 - 4 所示。

表 5 - 4　京津冀三地经济密度比值

年份	2012	2014	2016	2018	2019
北京/河北	7.706	8.341	9.000	9.001	10.5926
天津/河北	7.662	8.445	8.881	8.900	7.3390
北京/天津	1.006	0.988	1.013	1.002	1.8287

总之，要加强公路、铁路、航空等各种交通运输方式间协作，实现公路与铁路相配合、空铁联运的有效运转，合理配置交通资源，进而发挥协作效应来进一步促进京津冀经济高质量发展。

第三节　生态领域的协同发展成效

一、问题提出及分析

目前，我国有三个世界级城市群，即长三角、珠三角和京津冀，它们都是中国发展水平和竞争力的核心体现，其中，京津冀地区作为我国政治中心和第三大经济体，越来越受到学者的青睐。2019 年的数据显示，这一地区人口占中国人口的 8.1%，GDP 占总量的 9.3%。然而，由于过度发展，该地区面临着两个严重问题：首先，京津冀地区是我国几大城市群中经济发展最不平衡的地区之一；其次，京津冀地区是我国大气污染最严重的地区之一，而根据《2019 中国生态环境公报》，在 2019 年我国空气质量排名倒数的 10 个城市中，有 5 个属于京津冀地区。区域发展不平衡和污染是制约京津冀地区经济发展的主要因素，严重阻碍了京津冀地区的绿色发展，因此，如何在环境约束下提高经济增长质量，实现经济发展和环境保护的"双赢"，是京津冀地区面临的挑战。因此，建设经济高质量增长、产业结构合理、生态环境良好的京津冀一体化区域，是京津冀国家战略的主要目标。

随着京津冀战略的实施，中央和地方政府相继出台了《京津冀及周边省份大气污染防治行动计划实施细则》《京津冀区域协同发展指引》《京津冀地区产业转移指导意见》《京津冀协同发展的生态环境保护规划》等一系列政策。到目前为止，这些政策在促进经济发展和减少环境污染等方面取得了巨大成就，大多数文献研究的是在京津冀战略框架下颁布特定政策的效果，很少有研究从整体上考察京津冀战略的效果，本节主要从整体分析京津冀协同发展效果，我们认为上述政策都是在京津冀战略框架下发布的，因此将京津冀协同发展的整体效应视为京津冀战略的整体效应。为了更好地了解政策执行效果，并为未来的政策调整提供依据，我们对京津冀战略进行了定量的政策评估。尽管很多研究已经为京津冀战略政策效果提供了有价值的见解，但是很少有研究将反事实框架应用于京津冀战略的政策分析中。本节将在反事实框架下进行面板数据分析（PDA），且 PDA 是能够处理单个单元效果估计的程序评估方法，而其他方法需要进行多个处理单元。PDA 是没有理论方法的测量方式，主要利用截面单位之间的相关性来构造反事实，不需要复杂的经济模型。与合成控制法相比，二者的主要区别是：一方面，面板数据分析法使用普通最小二乘法估计控制单元的权重，而合成控制法运用协变量来估计控制单元的权重；另一方面，合成控制法将控制组中单元的权重限制为非负，并要求它们相加为 1，因此不允许处理单元的协变量在凸包算法以外进行外推。然而，Wan 等（2018）得出结论，供应链管理是凸的，在许多情况下，不需要或不必满足 SCM 的凸面约束。而 PDA 对单元的权重没有任何限制，并且包括一个截距，以考虑处理单元和控制单元之间个别特定的固定效益差异性，这对于生成反事实的无偏预测至关重要，并且具有更重要的经济意义。最后，Wan 等（2018）的仿真设计也表明，在很多情况下用均方误差测量时，PDA 优于 SCM。因此，我们将采用 PDA 来分析京津冀战略的经济效应与环境效应。除了研究方法外，Dai（2019）估计了 2001～2014 年京津冀区域的经济效应，并认为京津冀合作在 2001 年获得了新动力。然而，我们估计 2014～2018 年的经济影响和环境影响，因为京津冀战略是在 2014 年作为国家战略提出后才开始发挥实质性作用的。多年来，京津作为这一集聚的中心城市，吸引了大量来自河北省的优质资源，但是对河北省的扩散效应却较弱。因此，河北省的发展速度和质量远远落后于北京和天津。京津冀协同发展对河北来说是前所未有的机遇，并且为河北提供了多种优质资源，如强大科技支撑和优秀人才。在这种情况下，与京津相比，京津冀战略对河北的影响更大，因为河北省整体实力要弱得多。此外，在样本期间，河北省主要受京津冀战略的影响。然而，北京作为首都，除了受到京津冀战略影响以外，还要受到许多其他相关政策的影响，如 2012 年实施的国家旅游综合改革试点城市等。同样，自 2015 年以来，天津也受到中国（天津）自由贸易试验区的有利影响。当多个政策的实施效果混合在一起时，会很难区分一个政策和另一个政策的不同之处。因此，本节将以河北省为例，在反事实框架下对京津冀协同发展的经济效应和环境效应进行评估。首先，介绍 Hsiao 等（2012）的方法论框架；其次，介绍实现该方法所需的相关数据；再次，对京津冀协同发展所产生的经济效应和环境效应进行分析，并进行稳健性分析；最后，提出结论成果和政策建议。

二、方法框架——反事实框架

目前，构建反事实评价政策效果是政策评价的一个研究热点，国内外许多学者都在反事实分析方面取得了重要的理论和应用成果。

假设我们有 N 个省，可以分为两组：一组是由京津冀战略影响或干预的省份组成的检验组，另一组是将未受到京津冀战略影响的省份作为对照组。假设 y_{it}^0 和 y_{it}^1 分别表示第 i 个省在 t 年实施和不实施京津冀战略的结果。对于第一年至第 T_1 年，没有实施相关政策，所以 $y_{it}^0 = y_{it}^1$，其中 $t = 1$，…，T_1。从 $T_1 + 1$ 年开始，一些省份开始实施相关政策，对于实施政策的省份，我们假设其政策实施后可观察到的结果为 y_{it}^1，其中 $t = T_1 + 1$，…，T，也就是京津冀战略后产生的影响；不能观察到的结果为 y_{it}^0，也就是在如果没有京津冀战略的情况下会产生的相关结果。对于没有实施相关政策的省份，假设只能观察到 y_{it}^0 而不是 y_{it}^1，其中，$t = T_1 + 1$，…，T。

所以，第 t 年京津冀战略对第 i 个省份的影响效应如下：

$$\Delta_{it} = y_{it}^1 - y_{it}^0, \quad t = T_1 + 1, \ \cdots, \ T \tag{5-5}$$

我们认为，河北省是受京津冀政策影响的唯一省份，在不失概括性的前提下，我们假设 $i = 1$ 代表河北，$i = 2$，…，N 代表对照组中的省份。河北省受京津冀战略的影响，因此 y_{it}^1 是可以观察到的，y_{it}^0 是事后反事实，具有不可观察性，应采用计量经济模型进行构建。京津冀战略显然不是一个随机对照试验，因此可以使用准实验方法构建反事实，如回归不连续性设计、工具变量方法和倾向得分匹配差分回归方法。然而，这些方法是基于一定的假设、充足的数据和合理的经济模型。在现实中，京津冀战略对河北省经济和环境的影响机制比较复杂，难以用经济模型来进行描述，而且我们只有有限的面板数据，上述方法总体上是不合适的。除了以上基于理论测量方法外，一些非理论测量方法也得到广泛应用，如 PDA 方法，可以从理论上克服其他测量方法所面临的问题，下面将对 PDA 方法进行简单介绍。

基于面板数据，PDA 模型假设 y_{it}^0 由因子模型生产：

$$y_{it}^0 = \alpha_i + b'_i f_t + \varepsilon_{it} \quad i = 1, \ 2, \ \cdots, \ N; \ t = 1, \ 2, \ \cdots, \ T \tag{5-6}$$

其中，α_i 表示固定效应，b'_i 表示常数的 $1 \times K$ 向量，f_t 表示驱动所有横截

面单元的 $K \times 1$ 公因子，ε_{it} 表示误差项并且 $E\ (\varepsilon_{it})\ =0$。

为简化式（5-6），也可以由以下矩阵方程表示：

$$y_t^0 = \alpha + Bf_t + \varepsilon_t \quad i=1,\ 2,\ \cdots,\ N;\ t=1,\ 2,\ \cdots,\ T \tag{5-7}$$

其中，$y_t^0 = (y_{1t}^0,\ \cdots,\ y_{Nt}^0)$，$\alpha = (\alpha_1,\ \cdots,\ \alpha_N)$，$\varepsilon_t = (\varepsilon_{1t},\ \cdots,\ \varepsilon_{Nt})$，$B = (b_1,\ \cdots,\ b_N)$ 等都为 $N \times K$ 因子矩阵。

当式（5-7）满足以下假设时：① $\|b_i\| = c < \infty$，且 $i=1,\ \cdots,\ N$；② $E\ (\varepsilon_{it})\ =0$ 且 $E\ (\varepsilon_t)\ =0$，$E\ (\varepsilon_t\varepsilon'_t)\ =V$，$V$ 是对角常数矩阵；③ $E\ (\varepsilon_t f'_t)\ =0$；④ $R\ (B)\ =K$；⑤ $E\ (\varepsilon_{js}\,|\,d_{it})\ =0$，且 $j \neq i$。如果 N 和 T 都足够大，可以用 Bai 和 Ng（2002）的方法来确定公共因子 K 的个数。另外，α、B、f 都可以使用极大似然法进行估计。那么，河北省的事后反事实的 y_{1t}^0 可以通过以下形式进行估计：$\hat{y}_{1t}^0 = \hat{\alpha}_1 + \hat{b}'_1\hat{f}_t$，$t=T_1+1,\ \cdots,\ T$。但是实际上，对于宏观经济数据而言，通常情况下 N 和 T 都不大，这种情况下，Hsiao 等（2012）将横截面相关性归因于驱动所有相关横截面单元的共同因素存在。基于这个前提，他们证明只要假设 5 能成立，未处理单元 $(y_{2t},\ \cdots,\ y_{Nt})$ 的结果可用于预测 y_{1t}^0，而不是识别 α_1、b_1、f_1，即：

$$\hat{y}_{1t}^0 = c + \hat{\beta}'\tilde{y}_t \quad t=T_1+1,\ \cdots,\ T \tag{5-8}$$

其中，$\tilde{y}_t = (y_{2t}\cdots y_{Nt})'$。

所以，

$$\hat{\Delta}_{1t} = y_{1t} - \hat{y}_{1t} \quad t=T_1+1,\ \cdots,\ T \tag{5-9}$$

下个问题是如何选择最佳的预测模型来构造反事实。在许多情况下，T_1 是有限的，随着横截面单元的使用，$\hat{\beta}$ 的方差会增加，这将导致样本预测的不准确性。为了平衡样本内拟合与样本后预测的精准度，Hsiao 和 Wan（2014）建议采用两步法选择最佳预测模型：第一步，使用 R^2 数据选择最好的预测模型；第二步，根据修正后的赤池信息量准则，选择未受影响区域效应情况。

三、数据来源及设定

在研究中，分别使用 GDP 增长率、第三产业占 GDP 的百分比以及 PM2.5

的地理平均浓度代表经济增长、产业结构和环境污染程度。为使用 PDA 模型，需要关于 GDP 年增长率、第三产业占 GDP 百分比以及各省（包括河北省和对照组）PM2.5 地理平均浓度的面板数据，根据数据的可获得性，GDP 增长率、第三产业占 GDP 的百分比以及 PM2.5 地理平均浓度的样本期分别为 1990～2019 年、1992～2019 年和 2000～2018 年。GDP 增长率和第三产业占 GDP 比重的数据来自《中国统计年鉴》。其中，检验组的唯一省份是河北省，进而评估河北省相关指标的反事实，而京津冀战略效果是实际值与反事实之间的差异；对照组中的省份应满足两个标准，最严格的标准是如假设 5 所示，对照组中的每个省份都应该是政策影响中的外生变量。也就是说，为了避免解释变量的内生性，对照组中的省份不应受到了京津冀战略的影响。为了确保假设 5 成立，我们应排除北京和天津，因为它们受到了京津冀战略的影响。然后，依据 Kline和 Moretti（2014）的研究，我们不将任何与北京、天津或河北接壤的未影响的省份纳入对照组中，因为地理位置相近的省份可能会从京津冀中获益。另一个标准是，对照组的省份在实施京津冀战略之前应该是河北省经济发展的良好预测因子。因此，本章选择 12 个省份（上海、浙江、福建、江西、湖北、湖南、广东、广西、海南、四川、贵州、云南）作为对照组。这些省份的地理位置与河北省相距较远，这在 PDA 构建反事实时是完全允许的，因为 PDA的基本思想是选择最佳的预测因子，而不是寻找一个与检验组在协变量上相似的对照组。

四、京津冀战略的影响效果分析

Hsiao 等（2012）研究发现，如果各省对京津冀战略的反应是相似的，甚至是不同的，只要 $(y_{1t}, \cdots, y_{Nt})$ 是由一些共同的因素驱动的，那么关于不受影响省份的信息就有助于构建被影响省份的反事实。这种情况下，每个省份都在国内，因此每个省份都会受到一些共同因素的影响，因此，可以使用 PDA 方法对京津冀战略的影响效果进行评估。首先，我们在对照组中对不同省份组合进行检验，找到能够平衡政策影响前后预测准确度的省份，并用它们来构建反事实。表 5-5 至表 5-7 显示，文中所选三个指标都具有良好的拟合度，R^2 值高于 0.93，F 值高于 50。这些结果表明，根据 AICC 选择的省份表现良好，因此影响后的实际值和预测的反事实值具有可比性。在影响前阶段，表 5-5 至表 5-7 显示列出了 AICC 从对照组中选择的省份，这些省份可用于构建河北省三个指标的假设路径。因此，河北省 y_{it}^0 是由具有正或负权重的省份组成的线性组合，因此，对于河北省的三个指标，每个指标从对照组中选取的省份在构建反事实路径中都能起到作用。在产生影响之前，预测路径与实际路径吻合较好，产生影响之后，实际路径与预测路径间的差距是京津冀战略的影响。

表 5-5　GDP 增长率对照组权重

	β	St.	T 值
C	0.491	0.942	0.52
浙江	0.393	0.082	4.82
福建	0.380	0.117	3.25
广西	-0.396	0.134	-2.95
四川	0.515	0.114	4.52

注：$R^2 = 0.934$，AICC = 3.8942，F = 50.27。

表 5-6　第三产业占 GDP 的百分比对照组权重

	β	St.	T 值
C	6.746	1.019	6.62
上海	-0.303	0.080	-6.87
江苏	0.256	0.049	5.24
福建	0.396	0.041	8.69
广东	0.256	0.039	6.51
贵州	0.114	0.020	5.60

注：$R^2 = 0.997$，AICC = -48.475，F = 350.27。

表5－7　PM2.5的地理平均浓度对照组权重

	β	St.	T值
C	6.746	1.019	6.62
浙江	−0.303	0.080	−6.87
福建	0.256	0.049	5.24
广西	0.396	0.041	8.69
广东	0.256	0.039	6.51
江西	0.114	0.020	5.60

注：$R^2 = 0.979$，AICC = −48.475，F = 352.27。

对于河北省的 GDP 增长率来说，反事实路径高于实际路径，因此其影响是负的。通过计算预测的反事实 95% 置信区间，发现在 5% 水平上，由于实际路径在反事实路径的估计置信区间的上下限内，负影响效应在统计学上并不显著。由表5－8可知，2015～2019年河北省 GDP 增速反事实值分别为 8.25、7.91、7.79、7.99 和 7.86，而影响效果的点估计值分别为 −1.75、−1.11、−0.99、−1.39 和 −1.26，这意味着如果不实施京津冀战略，河北省的 GDP 增长率将分别提高 1.75、1.11、0.99、1.39 和 1.26，但统计结果显示不显著。区间测算表明，即使河北 GDP 增速等于区间测算的上限，京津冀战略也只能使河北的 GDP 增速平均每年提高 0.51 个百分点。对于河北省 PM2.5 地理平均浓度，影响效果为负。如表5－9所示，其影响效果的点估计值为 −6.16、−19.42、−4.13 和 −14.68。因此，可以得出这样的结论：京津冀战略显著性降低了河北省 PM2.5 的地理平均浓度。如果没有京津冀战略，2015～2018 年 PM2.5 地理平均浓度将分别比实际值高 6.16、19.42、4.13 和 14.68。受京津冀战略实施的影响，2015～2018 年河北 PM2.5 地理平均值年均下降 11.1 个百分点。反事实区间估计值的上限均小于 0，但 2017 年的区间估计值为 0。因此，京津冀战略对河北省 PM2.5 地理平均浓度最不理想的影响效果为 0。如果将河北省 PM2.5 的地理平均浓度降低到区间估计值上限（最坏情况），2015～2018 年年均下降 7.45 个百分点。

表5-8　对GDP增长率的影响效应

年份	实际值	反事实值	影响效应
2015	6.5	8.25	-1.75
2016	6.8	7.91	-1.11
2017	6.8	7.79	-0.99
2018	6.6	7.99	-1.39
2019	6.6	7.86	-1.26

表5-9　对PM2.5地理平均浓度的影响效应

年份	实际值	反事实值	影响效应
2015	54	60.16	-6.16
2016	51.8	71.22	-19.42
2017	49.5	53.63	-4.13
2018	51.5	66.18	-14.68

五、结论与政策建议

在反事实框架下，本节分析了京津冀战略对河北省经济和环境影响，并且显示了影响后河北省GDP增长率、第三产业占GDP比重和PM2.5地理平均浓度的反事实值。它表明反事实分析对于显示重大事件对经济和环境绩效的影响非常有作用。

利用PDA方法，研究京津冀战略对河北省经济和环境的影响效应。主要研究结果是，京津冀战略显著提升了河北省第三产业在GDP中的比重，显著降低了PM2.5的地理平均浓度，但似乎对河北省的GDP增速没有明显影响。因此，京津冀战略对河北省的经济和环境具有重要影响力，尽管河北省GDP增长率并没有显著提高，甚至出现一定程度的下降。造成这种经济增长乏力的主要原因是河北省经济正从高速增长阶段向经济高质量发展阶段过渡，这意味着经济增速最大化并不是河北的首要目标；相反，重点是加强经济发展质量。因此，在保证经济运行在合理区间的同时，把转变增长方式和调整结构放在优先位置。

因此，在确保河北经济发展质量和良好生态环境的同时，决策者应帮助河北经济更快地发展，赶上京津地区，从而缩小京津冀区域内的差异性，提高区域的整体竞争力。河北的经济发展远远落后于京津地区，如果河北的这种落后状态不从根本上改变，京津冀战略的目标和任务将无法实现。京津冀战略在不同阶段的影响效果是不同的，因此有必要对其进行动态的、准确的评估，以调整政策方向，确保其顺利运行。

第六章　京津冀协同发展的体制机制创新与探索

国家层面关于京津冀协同发展的顶层设计逐步完善，空间规划、专项规划和各类政策意见相继出台，规划体系日趋完善，这一系列改革创新举措为京津冀区域高质量发展提供了制度保障。

第一节　政策措施

2014年6月，党中央批准成立京津冀协同发展领导小组，加强对京津冀协同发展工作的统筹指导，之后三地分别成立了负责本地区具体建设工作的专项工作组，统筹各地的国土规划与开发、产业发展与转移对接、交通一体化、环境协同治理、公共服务对接、协同创新共同体建设等具体领域的治理行动，完善了京津冀协同发展的组织管理体系。

一、协同发展规划体系

2015年4月30日，中共中央政治局召开会议审议通过了《京津冀协同发展规划纲要》，这是京津冀协同发展的顶层设计和行动指南，确定了"功能互补、区域联动、轴向集聚、节点支撑"的布局思路，描绘了京津冀协同发展的宏伟蓝图。在此基础上，三地均出台了《关于贯彻落实〈京津冀协同发展规划纲要〉的意见》，以落实各自功能定位。《纲要》提出分三步走来推进多层次空间结构的形成：至 2017 年，实现"中心—外围"向"双城驱动"转变；至 2020 年，实现"双城驱动"向"三轴四区"转变；至 2030 年，形成"多节点网络"的高级空间形态。

2016 年 2 月，《"十三五"时期京津冀国民经济和社会发展规划》发布，确定了互联互通、重大基础设施建设等方面的任务。2017 年 4 月，中共中央、国务院印发通知，决定设立河北雄安新区。同年 9 月，中共中央、国务院关于对《北京市总体规划（2016—2035 年)》的批复中再次明确：发挥北京的辐射带动作用，打造以首都为核心的世界级城市群。2018 年 11 月，中共中央、国务院发布《关于建立更加有效的区域协调发展新机制的意见》，意味着京津冀协同发展的战略意义、协同层级和空间范围都将得到进一步强化和提升。2018 年，中共中央、国务院批复了《河北雄安新区规划纲要》。同年 12 月，国务院正式批复《河北雄安新区总体规划（2018—2035 年)》，明确了雄安新区建设绿色、低碳、创新、智能城市的方向。2019 年 1 月 4 日，《北京城市副中心控制性详细规划（街区层面）(2016 年—2035 年)》公布。

二、产业联动发展政策

为推进非首都功能疏解，2015 年，财政部、国家税务总局发布了《京津冀协同发展产业转移对接企业税收收入分享办法》《京津冀协同发展产业升级转移规划（2015—2020 年)》和《关于推进京津冀产业协同发展战略合作框架协议》，为京津冀协同发展产业转移对接税收分享提出了指导性方法。2016 年 6 月，工信部与北京、天津、河北联合编制了《京津冀产业转移指南》，确定了三地产业协同发展的阶段性目标，进一步强化产业协同顶层设计。北京制定了

《关于进一步健全京津冀协同发展产业疏解配套政策意见》，实施了疏解非首都功能产业税收支持政策和转移支付引导政策。2019年8月，三地工信部门签署《进一步加强产业协同发展备忘录》，建立了京津冀产业协同发展统筹协调机制，截至2020年底，河北省累计承接京津转入产业活动单位9000余个。

三、科技协同创新机制

2015年，工信部、国家发展和改革委、科技部、农业部、商务部五部委联合印发了《京津冀协同发展产业升级转移规划（2015—2020年)》。2016年6月，国务院批复同意《京津冀系统推进全面创新改革试验方案》，强调应加强三地产业链、政策链、资金链、创新链的深度融合来提升协同创新水平，进而打造创新共同体。2017年，京津冀三地共同发布了我国首个跨区域的人才规划《京津冀人才一体化发展规划（2017—2030年)》，大力推进人才一体化发展。2018年，三地科技厅、科技局等职能部门联合签署了协同创新共同体建设的合作协议。

京津冀协同创新已经取得初步成效，在创新平台、技术转移以及创新体系方面都有了一定成果。例如，创新平台方面，京津冀城市群内部各高校之间经过协调已经组成了具有创新性质的发展同盟。据统计，截至2020年10月，共组建16个京津冀高校创新发展联盟[1]，河北省与京津高校、科研单位等累计共建省级以上创新平台165家。技术转移方面，京津冀城市群中对北京非首都功能进行疏解的体制已经完成，近年来，河北省累计吸纳北京技术合同成交额达700多亿元。国务院已就京津冀和石保廊创新改革试验区批复了改革方案，增加了北京的辐射力且带动了周边城市的发展。

四、生态协同治理机制

京津冀三地生态环境协同共建与防治进一步强化，协作机制逐步完善，实

---

[1]　2020京津冀：老百姓的获得感真正"多了起来"[N].中国经济周刊，2020-12-21.

施了京津冀生态保护过渡带等重大生态工程，开展了地下水超采综合治理，设立了京津冀环境执法与环境应急联动工作机制联席会议制度，生态建设和环境治理取得成效。

近几年，在多方努力下，京津冀地区的大气污染防治工作已经建立起良好的联合防控机制，2015 年 12 月，《京津冀区域环境保护率先突破合作框架协议》和《京津冀协同发展生态环境保护规划》同时发布。工信部印发了《京津冀及周边地区工业资源综合利用产业协同发展行动计划（2015—2017 年）》。2017 年 11 月，正式印发实施《京津冀能源协同发展行动计划（2017—2020年）》，提出 2020 年京津冀煤炭消费力争控制在 3 亿吨左右。2017 年，国家发改委联合多部门制订了专项生态保护计划，加大了三地生态协同治理的力度。除此之外，河北与京津签订了潮白河和引滦入津生态补偿协议，北京和河北还就密云水库水资源生态保护工作签署了合作协议，构建了京冀水资源跨区域生态补偿的新机制。

近年来，京津冀三地能源强度显著降低，三地的万元地区生产总值能耗累计下降均超过 20%。据统计，在空气质量方面，区域 13 个城市空气质量达到二级以上天数占全年比重为 62.6%，比 2018 年提高了 4 个百分点。京津冀区域PM2.5 年均浓度由 2016 年的 71 微克/立方米降至 2019 年的 50 微克/立方米①。京津冀 119 个国控断面监测中，水质达到或好于Ⅲ类比例上升到 64.5%。区域人均城市绿地面积由 2018 年的 19.1 平方米/人增至 2019 年的 19.7 平方米/人。

五、基本公共服务共享机制

京津冀三地不断完善合作机制，推动医疗资源、优质教育、基础设施共建共享。医疗方面，京津冀三地试点医疗机构建立临床检验结果互认和医学影像资料共享机制。2017 年 1 月，河北与北京、天津第一批同时接入全国异地就医直接结算系统。目前，京津冀 60 多家定点医疗机构已实现异地就医门诊费用直

---

① 京津冀协同发展脚步越来越快［N］.北京日报，2020 - 11 - 10.

接结算。区域脱贫攻坚取得决定性胜利，京津在河北实施的 757 个帮扶项目帮助 8.1 万贫困人口就近就业。北京市的教育医疗等公共服务资源将继续向河北延伸布局，京津部分高校联合开展研究生培养、基础教育教师互派交流项目。

在基础设施建设方面，协同发展重大项目稳步推进。区域交通一体化是推进区域内产业整合、升级的重要方式，2014 年底，京津冀三地与中国铁路总公司共同出资成立了京津冀城际铁路投资公司，通过投资一体化带动区域轨道交通网络一体化。交通运输部组织召开 10 余次京津冀交通一体化领导小组会议，出台了一系列规划及政策文件。2015 年 12 月发布了《京津冀协同发展交通一体化规划》，2016 年 11 月，《京津冀地区城际铁路网规划》获得批复，以京津、京保石、京唐秦三大通道为主轴，到 2030 年将基本形成"四纵四横一环"城际铁路网。目前，京张高铁、京沈高铁已建成通车，京津冀机场群和港口群协同联动建设深入推进，"轨道上的京津冀"正在加快形成。

第二节　京津冀高质量协同发展面临的体制机制障碍

体制性的约束是今后实现城市群均衡发展的重要阻力之一。京津冀协同发展最为突出的是疏解北京非首都功能和产业转移带来的财政体制上的制约，以及京津冀强势的行政化力量导致市场机制不健全的制约。

一、协调机制运行不畅

城市群发展涉及多重行政关系，城市群中各城市都有独自的行政管辖权，城市间具有明确的行政边界，自我保护的地方利益使区域间市场相互开放水平较低，导致跨区域合作治理的难度较大，会阻碍资源要素的合理流动、产业转移和生态协同治理。京津冀城市群与其他城市群不同的地方在于京津冀城市群有复杂的行政关系，而且行政区域划分和经济区域划分重合，在边界分割的地方城市空间联系松散，利益与宏观战略是对立的关系，区域的合作受到限制。京津冀城市群内各自为政态势严重，而且在行政级别上的差别明显，也存在要素单向流动和相互流动不畅的问题。

京津冀城市群协调机制包括两个层面：一是区域间，也就是京津冀三地横向的协调。尽管有着三地共同参与规划，但是区域间制度协同难度较大，协调频率和重大事项的协调度不够，实施过程中存在多规不合一、各行其是的问题。二是相关部门在京津冀三地的横向协调。目前京津冀协同发展中涉及产业、交通、生态职能的相关部门横向协同较多，京津冀交通一体化已取得了明显的成效，但公共服务功能等实质性协调机制仍然没有建立起来，当前阻碍京津冀协同发展最大的问题是三地公共服务资源和水平的差距。产业功能的协同力度也有待深入，长期以来各个城市基于地方利益，各自根据经济需要制定发展方案，未从京津冀整体来考虑，导致区域内产业发展缺乏统一规划，产业同构现象严重，合作关系小于竞争关系是城市之间明显存在的问题。例如，在我国的京津高速和京津唐高速沿线上，就有10多个国家级高新技术产业开发区，而且这些开发区的距离都不是很远，如北京亦庄和天津武清区两个国家级开发区之间，距离仅有10千米左右，而这些开发区内存在产业布局趋同的问题。

二、市场机制功能弱化

长三角、珠三角的高速发展已经证明区域经济的发展离不开市场的作用，但行政色彩浓厚必定影响市场的作用发挥。在京津冀地区的资源配置过程中，因为有着大量的国有经济，所以起主导作用的是行政力量。以研发投入为例，北京和天津的政府研发投入力度在全国省市排位都很靠前（见表6-1）。

京津冀城市群在行政级别上差异大，三地存在不对等关系。中心城市的行政级别高于周边地区的次级城市，有更多的资源优势和政策支持，在经济发展中处于支配地位，造成资源要素过度向中心城市集中和规模不经济等问题。自从实施财政分灶后，地方收入和支出难以分离。制造业的转移在一定程度上降低了城市的财政收入和经济增长，出于区域行政利益的思考，城市政府会干预企业等的外迁转移，通过使用各种经济和行政手段来想办法留住这些企业，由于大城市有着雄厚的财力支持，更有能力阻止企业的自由迁移，以致阻碍了产业结构的优化升级，这也就导致了城市间功能分工很难形成。北京在疏解非首都功能和"减量发展"的过程中，只会主动疏解不符合"四个中心"战略定位的功能，北京一直在发展服务业和压缩工业，但除了将首钢搬到了河北曹妃甸外，其余工业并没有大规模地转移到外地，而是在市内进行分散布局，如机械、电子等主导产业聚集到了亦庄产业园区。

表 6 - 1　2019 年京津冀三地政府研发投入排名情况①

省份	政府研发投入全国排名	政府研发投入占 GDP 的比例全国排名
北京	1	1
天津	10	5
河北	14	21

　　市场的开放共享和要素的自由流动是城市群发展的经济基础，珠三角、长三角在人员、土地、资本等要素资源的流动上基本没有门槛，资源要素可以基本实现市场化流动。京津冀城市群的功能分工受到了严重的行政分割的影响，降低了京津冀城市群的空间分工程度。三地由于行政区域划分不同，使要素流动存在制度和信息障碍，且成本较高，区域之间还存在不同程度的商品市场分割，因此无法实现资源共享，不能建立共同的人才资源市场、产权交易市场等。教育、医疗等公共服务行业的竞争机制不完善，阻碍资源从核心城市向周边城

---

　　① 中国科技发展战略研究小组. 中国区域创新能力评价报告 2019［M］. 北京：科学技术文献出版社，2019.

市流动。区域间市场机制的不健全难以促进资源的合理配置，不利于区域内的要素流动。

三、整体空间规划机制滞后

区域整体的规划是区域协同发展的灵魂所在，成熟的世界级城市群大都有专门机构负责城市群的整体规划，如美国的大都市圈的发展规划都是通过美国区域规划协会制定的，而且美国全国尺度的规划已经有百年历史，早在1908年，美国就协调各州开展过全国尺度的规划工作。长三角城市群内部的协作历史较长，已摸索出较多专项的合作制度及机制。主要包括城市群发展规划、城市经济协调会以及领导座谈会，有着较好的协同制度安排，现在国家已经把长三角一体化上升为国家战略，也就是说已经进入了制度合作阶段，在政策和制度支持方面均优于国内其他城市群。

京津冀城市群由于在前期缺乏相关的整体性规划及机制，也无统一的、高层次的指导性文件，长期存在定位不清的问题，导致城市间很难建立起有效的协同发展，城市发展呈现无序化。区域发展战略方面，我国政府为了促进区域的协调发展，制定并实施了大量的发展战略，如东北振兴、西部大开发、产业转移示范区等，但是这些战略缺乏有关京津冀区域整体发展的规划。一直到2014年，中共中央提出了京津冀协同发展的战略，然后是2017年雄安新区建立。2014年，国家发改委发展规划司发布了《国家新型城镇化规划（2014—2020年)》，首次提出建设京津冀城市群，目标定位为世界级方向。2015年5月，《京津冀协同发展规划纲要》出台，明确京津冀协同发展的四个功能定位，建设以首都为核心的世界级城市群。2015年5月，京津冀召开了第一次联席会议，国务院成立了京津冀协调发展领导小组、领导小组办公室，"自上而下"地推动京津冀地区府际协作的良性发展。2017年，国务院对《北京城市总体规划（2016—2035年)》的批复中再次明确：发挥北京的辐射带动作用，打造以首都为核心的世界级城市群。但由于行政边界分割，京津冀城市群内仍然存在各自为政的态势，协同发展规划在执行过程中遇到一定的障碍，难以实现一规到底。

第三节　京津冀高质量协同发展的体制机制探索

京津冀协同发展涉及不同的行政区域，包括众多的利益主体。"十四五"时期京津冀协同发展面对新的环境变化，需要加快破除行政管理、资源配置、功能布局等方面影响协同发展的体制机制障碍，建立高标准的区域协同发展体制，巩固已取得的建设成果，推进新时期进一步的高质量协同发展。

一、　构建"市场主导＋政府引导"机制

在区域经济发展过程中，市场以及政府都是重要环节，城市群的形成离不开市场与政府的双重作用。回顾国内城市化的发展历程，可以看出，城市群发展涉及不同层级的地方行政主体，行政边界和市场边界不清晰是城市群发展失衡的重要原因。

城市群功能分工与区域协调发展离不开统一、开放、规范的共同市场的支撑。推进京津冀高质量合作发展，就是要促进各地区消除壁垒，优势互补，推动经济要素自由有序流动、资源配置优化和高效利用与各类市场融合统一，形成发展合力，共同推动区域经济发展。党中央在2018年明确指出，要让资源在区域内进行无障碍的流通，市场要在资源配置的过程中发挥决定作用，使各种生产资源的流动更加自由，并集中到优势地区，使资源的配置效率得到提升；要进一步打破地区行政分割，加快深化产权、要素等市场化改革，全面破除要素流动障碍，形成城市群统一开放、竞争有序的商品和要素市场。

理顺政府和市场的关系，坚持市场主导，政府引导，切实转变政府职能，

大幅减少政府对资源的直接配置，强化事中事后监管，给市场发育创造条件。以市场机制促进要素流动，一要转变政府的管理理念，加大服务职能，进一步推动简政放权、放管结合、优化服务，建立健全权力清单、责任清单制度，取消经济发展的区域分割。二要依靠市场。要素在市场作用规律下流动有利于资源在空间的流动与聚集。加快完善市场机制，让市场机制在要素流动、资源配置、产业链和生态链重构中起主导作用，促进土地、劳动力、资本等要素的自由流动。三要完成资源要素市场化。在要素的所有制和交易制度上进行改革，发挥市场机制的内生作用，实现由行政定价向市场定价的转变。四要优化市场环境。要素市场的支撑体系包括以交通、信息基础设施为主的硬件环境，以及以观念、政策、法规、制度、机制为主的软件环境。通过各项法规和制度，严格市场监管，逐步健全科技创新要素市场的硬件环境和软件环境，并在实践中加以完善。打造新型政商关系，培育有利于民营经济发展、有利于新经济发展的市场环境，消解民营企业发展面临的歧视性限制和隐性障碍。

二、创新利益协调机制

利益协调机制是指各城市为了同一目标进行的跨区域合作，借此达到共赢的目的。京津冀三地在利益立场、区域地位和各自的发展规划等方面都存在较大差别，各自制定的政策之间存在一定的矛盾冲突，因此京津冀协同发展的核心问题是利益协调问题。2014 年，京津冀三地开始逐步对城市群内部的环境治理以及产业转移的创新利益协调机制进行相应完善，但仍存在一些问题需要解决。

京津冀协同发展的国家战略地位是对京津冀城市群内部协同发展最大的政策支撑和推动，2015 年出台了《京津冀协同发展规划纲要》和一系列相关文件，为京津冀协同发展提供了顶层设计，也指明了目标、方向及思路。目前，珠三角建立了区域合作行政首长联席会，长三角城市群也建立了长三角经济协调委员会、长三角地区主要领导座谈会、长三角地区合作与发展联席会等较为完善的协调体制，有着较好的协同制度安排，为城市群内部的协同发展提供了重要支撑。长三角城市群较早地开展了跨省水环境生态补偿、税收分成和财政支付转移等。并为防止因经济利益发生争执现象，事先就拟订了关于协作以及商讨的方案，在不会对自身造成损失的前提下，对长三角城市群的协同发展做出了促进作用。

京津冀不仅包括三个省级行政区，也是中央政府及其机关部门的集中所在地，利益协调问题涉及四方的利益。管理区域公共问题需要构建地方政府之间关于区域公共问题治理的协作机制，即相关地方政府合作求解。京津冀协同发展应充分发挥政府的积极作用，通过制定利益协调和互动合作框架，把利益协调机制内化到政府的结构和功能之中，借此激发市场力量，协调好三地不同部门的分工与合作。要充分考虑到城市群发展阶段的不同，由主管部门统筹规划，破除行政壁垒，强化区域利益整体性，创新跨界管控治理机制和应急协同机制。借鉴其他城市群发展过程中利益协调的经验，除了建立政府协商对话机制，可成立常态化各级政府间联席会议，在平等谈判和协商等措施相关基础上来实现利益冲突协调。京津冀协同发展应充分发挥政府的积极作用，通过制定利益协调和互动合作框架，把利益协调机制内化到政府的结构和功能之中，借此激发市场力量，强化微观合作，协调好多个层级和不同部门之间的分工合作。在产业协作方面，推进跨区域项目合作共建，探索建立跨区域项目财税利益分享机制；在资源要素配置方面，建立合理的成本分担机制、利益协调机制和利益共享机制。由于企业跨区域流动涉及地方财政收入问题，因此有必要探索建立区际税收分享机制，消解地方保护的内在冲动，突破制约合作的体制障碍。

三、构建跨区域合作发展机制

《中共中央国务院关于建立更加有效的区域协调发展新机制的意见》明确提出，要加强省际交界地区合作，探索建立统一规划、统一管理、合作共建、利益共享的合作新机制。长三角城市群已经建立了长三角经济协调委员会、长三角地区主要领导座谈会、长三角地区合作与发展联席会等较为完善的协调体制。2021 年 5 月 10 日，长三角自由贸易试验区联盟成立，为长三角高质量一体化发展搭建了新平台，也为城市群内部的协同发展提供了重要支撑。党中央在 2018 年明确指出，要对京津冀地区的区域合作机制进一步进行完善。应共同编制京津冀高质量合作发展规划，明确合作发展的重点领域、目标和重点任务，将其作为各市产业发展规划、交通设施建设规划和资源利用与生态环境保护规划的依据，做到规划统一、同步建设。

京津冀城市群要加强区域协同发展体制创新的顶层设计，完善各专题协调工作机制，建立专题联席会议制度、联络员制度、工作小组制度。除尝试在国家层面设立针对协同发展的组织体系外，还可以组织具有权威性的京津冀城市群建设委员会，或设立跨区域的产业指导委员会，以推动京津冀城市群整体发展及可持续发展。成立区域合作发展市长联席会议制度，成员由各市市长组成，作为推动省际交界区域合作发展的决策机构，建立京津冀政协主席联席会议制度等，以定期会议保障三地治理进程的及时沟通，协商解决区域内的重大问题，积极推进发展改革、规划、交通、产业、生态、投融资、引资引智等方面的合作。加强沟通和协调，共同推动省级政府签订省际合作战略框架协议，支持和指导区域合作发展。发挥行业协会、商会等社会组织在编制区域行业发展规划、规范区域市场秩序和制定区域市场行为准则中的作用。此外，完善政府间协同创新对接机制、科技政策对接机制、区域协同创新过程中的资质通认制度和技术规范及管理制度、异地人才交流挂职制度、科技人才居住证制度、区域社会保障制度、重大课题联合申报共同承担制度、科技合作成果奖励制度等。

四、完善科技创新体制机制

"十四五"规划明确提出，要坚持创新驱动发展，全面塑造发展新优势。完善科技创新体制是创新驱动中的关键举措。因此，需加快推进创新驱动战略，构建京津冀面向高质量发展的创新驱动机制，打造市场导向的京津冀协同创新体系，培育科技优势。实施创新驱动发展战略最紧迫的是破除体制机制障碍，涉及政府管理体制、货币金融制度、财税制度、土地制度、干部考核制度、产权保护制度、文化体制等整个社会经济体制的改革，使企业成为技术创新决策、研发投入、科研组织、成果转化的主体，优化科研院所和研究型大学的科研布局与相互之间的合作，发挥地方创新的积极性和主动性。

完善科技创新资源共建共享机制。整合京津冀地区重大科技创新基础设施、科研平台、科研场所和科技资源，在已有的创新平台、技术转移以及创新体系成果的基础上，建立科技联盟、科技园区、科研实验室等资源共享平台。优化以交通、通信为主的创新支撑设施，充分运用"互联网＋"、大数据等平台优势，构建京津冀科技资源协同管理机制，创新科技资源的共享模式，提高京津冀科技创新资源共享水平。

重视人才在创新驱动中的意义。进一步改革与完善现行的人才激励与科技创新体制机制，形成激发各级政府主动有为、各类企业积极投入、各类人才竞相迸发的体制机制。围绕高端人才、先进技术等核心要素，探索在区域间流动、共享新模式，完善"政府＋市场"的跨行政区交流合作机制。

五、推进生态环境共治共享机制

良好的生态环境既是区域发展质量的重要标志，也是城市高质量发展的立身之本。京津冀整个区域的生态环境质量指数在减小，出现了大气污染问题，河流在经过城市的河段大部分都受到了有机物的污染，水资源供给需求矛盾更加严重。京津冀城市群高质量发展必须贯彻可持续发展原则，谋求经济与人口、资源、环境、社会的协调发展，使产业和城镇发展同人口的转移、资源合理利用、环境保护协调一致，实现经济社会可持续发展。牢固树立"绿水青山就是金山银山"意识，把绿色发展理念贯穿于京津冀区域协同发展的全过程，遵循"生态产业化，产业生态化"的思路，通过新媒体平台广泛宣传绿色环保理念，教育和引导公众参与生态环境治理，建立人人有责的生态环境保护和治理机制，建设生态优先型区域经济，追求生态、经济、社会三大效益的最大化。

京津冀城市群应使用经济手段、法律手段以及行政手段共同治理生态环境。一是探索有效的合作机制。打破行政区划界限，推进京津冀生态环境共保共建，实施生产、生活、山体、流域、海洋等环境污染协同治理和联合执法。按照人口资源环境相均衡、经济社会生态效益相统一的原则，引入多元化治理机制。二是探索多元化市场化生态补偿机制。争取开展生态综合补偿试点，积极探索生态产品价值实现机制，将生态资源产品化、资本化，让生态产品供给地区共享区域经济发展的成果。研究建立跨流域生态补偿、污染赔偿标准和水质考核体系，推动京津冀区域内绿色循环低碳发展，引导京津与雄安新区在循环经济、节能建筑、环保监测、第三方环保服务等领域的合作。三是提升三地生态环境监管一体化水平。注重环保政策的区域协调性和一致性。为了京津冀地区的长远发展，应针对如何有效利用水资源以及水资源的污染防治等制定相应策略且加以实施。环境污染有生态环境脆弱的客观原因，也有决策和发展理念的原因。在广大的农村地区，应重视农村污染问题、还原自然生态环境、发展农业循环经济。集京津冀地区生态环境治理财政资金，引导社会资本参与，集中有限资金投入煤改气和重点行业节能减排等工程。

第七章 区域创新发展的国际经验
——以硅谷为例

第一节 硅谷概况与发展

一、概况

旧金山湾位于美国西海岸中部偏南，简称硅谷，核心区面积约 300 平方千米，人口 300 万左右。硅谷属于地中海气候，冬天温暖潮湿、降水较多，夏天凉爽干燥、降水较少。冬季平均温度约为 18℃，夏季最高气温不超过 30℃，拥有美丽绵长的海岸线、森林、山丘和 300 多平方千米的国家公园，非常宜居。所以无论是气候还是环境，硅谷都非常适合晶体管的生产和加工，自然条件成为硅谷发展的基本条件之一，也因此成为研究并制造硅基半导体芯片的风水宝地。此外，硅谷里阳光充足的海滨沙滩、大片的绿树湿地也吸引着创新人才前来工作和生活。因此，硅谷逐渐成为高精尖技术人才的聚集地，尤其是亚裔高级人才的首选之地。硅谷外来人口占全部人口的 1/3，其中 3/4 是亚裔人口，成为美国西海岸高学历亚裔人口最稠密的地区。

二、发展历程

（一）萌芽阶段（1891～1938 年）

1891 年，铁路富豪利兰·斯坦福先生捐出 3561 公顷土地和 2000 万美元，创办了一所无任何宗教或者民族派系的大学，并以自己儿子的真实姓名"斯坦福"命名。该大学倡导个人艰苦奋斗、平等、务实的西部自由主义精神，这就是后来众所周知的斯坦福大学。斯坦福大学吸引了大量的优秀学子到硅谷求学，也为硅谷后来输出大量的优秀年轻企业家和技能型人才奠定了基础。

1901 年，在斯坦福大学的支持下，其毕业生艾沃尔成立了鲍尔森无线电话电报公司，即后来的联邦电报公司。1912 年，李德·普雷斯特发明了晶体管。同年，联邦电报公司与李德·普雷斯特合作开发出了世界上第一个无线通信系统。基于此，美国海军基地也建立在该地。海军基地带来了许多海上通信的需求，美军与斯坦福大学以及周边公司签订了一系列承包合同，进行无线电的开发。军事需求的介入使硅谷的通信技术及相关产业得到了高速发展，为硅谷未来的腾飞奠定了技术基础。

（二）晶体管阶段（1939～1958 年）

作为"硅谷之父"弗兰德·特曼的弟子，毕业于斯坦福大学的休利特和帕卡德，从他们的老师那里得到了创业的第一笔投资，并于 1939 年创立了后来成为硅谷标志性企业之一的惠普公司。惠普公司的成立标志着硅谷成为高科技产业集群区。

继惠普公司成立之后，弗兰德·特曼开始策划斯坦福研究所和斯坦福工业园的建设。1951 年，斯坦福工业园完成了规划。斯坦福工业园的建立为硅谷带来了全新的企业发展模式，斯坦福大学成为高新技术商业计划的孵化器。一个个强大的企业集团围绕斯坦福大学的核心技术纷纷建立起来，工业、教育和研究之间的关系得到了前所未有的巩固和发展。与此同时，斯坦福大学启动了一系列博士培养项目，旨在将课程设置从基础学科研究向高科技研究成果转化转变。斯坦福工业园的建立聚集了电子信息通信领域的人才和企业，然后通过高校技术转让、师生创业等方式，形成了高密度产业集群，也就是硅谷的雏形。

硅谷发展的第二阶段之所以被称为晶体管时代，是因为晶体管是这一时期硅谷的主导产品。1956 年，肖克利晶体管公司的成立标志着硅谷进入新的发展阶段。肖克利晶体管公司吸引了大量青年科学家和高新技术人才，其中就有罗伯特·诺伊斯、摩尔、布兰克等八人。他们集体出走肖克利晶体管公司后，成立了仙童半导体公司。仙童半导体公司几乎是当今硅谷所有大企业的始祖。仙童公司诞生了英特尔、AMD、苹果等众多具有世界影响力的科学技术公司。此外，红杉公司的创始人也是从仙童半导体公司离开的。而红杉公司也成为思科、谷歌、甲骨文、雅虎等企业重要的投资来源。因此，虽然 1939 年惠普公司的建立是硅谷发展的开端，但实际上硅谷作为一个高新技术产业集群真正意义上的起点，是 1956 年肖克利开创的半导体公司和半导体实验室，这个具有里程碑意义的事件带动了整个硅谷创新企业的集聚和腾飞。

（三）集成电路阶段（1959～1970 年）

在这期间，斯坦福大学技术使用许可办公室是硅谷重要的产物，它专注于对职员、大学生已经取得的研究开发成果的商业性进行评估，负责高校科学技术研究成果的转化和技术转移。如果该项研究成果成功实现商用化，斯坦福大学技术使用许可办公室将收取专利使用费或转让费，其中一部分将分配给发明者所在部门的基金会和发明者本人，但斯坦福大学技术使用许可办公室也会留下一些资金继续支援研究，这就把大量科研成果直接转化为生产力。

1970 年，施乐硅谷研发中心成立。这个中心进一步使世界顶级的高科技人才聚集在一起，开发出了可以改变世界工作、生活方式的科技产品。例如：1971 年研制出了世界上第一台计算机激光打印机；1973 年研发出了第一台个人计算机 Alto；1975 年研发出了个人计算机的图形用户界面；1977 年推出了商业历史上第一台可以使用图形界面操作的个人计算机。

（四）个人计算机阶段（1971～1990年）

这个新的历史发展阶段开始的重要标志是英特尔于1971年成功研发、生产并推行了世界上第一台商用微处理器，即现在所熟知的计算机芯片。1976年，苹果电脑公司由史蒂夫·乔布斯创立。1977年，甲骨文公司成立。1984年，思科公司成立。随着进入个人计算机时代，硅谷迎来了黄金发展期。

这一阶段，风险投资公司积极参与企业管理，风险投资者主动发挥企业日常管理作用，职业经理人开始帮助企业建立现代化管理流程。硅谷的风险投资公司数量迅速增加，使硅谷成为全球风险投资的风向标，多家从事风险投资的公司组成了投资财团，将所需要投入的项目划分为几个部分，方便各家企业进行针对性的投资。此外，硅谷的风险投资制度、风险控制机制以及风险投资理念也日趋成熟和完善。

（五）互联网阶段（1991年至今）

1991年，随着万维网的首次出现，硅谷进入了互联网时代。当时硅谷成为互联网行业的聚集地，头部公司是网景公司（Netscape）、思科公司（Cisco）和3Com公司等。其中发展最迅速的科技公司包括赛贝尔系统公司（Siebel Systems）、Excite@Home公司等。同时，软件与互联网企业已经逐渐成为风险投资的重点区域。硅谷的主导产业不再是半导体或者计算机设备制造业，而是以软件、网络为基础的信息服务业。从严格意义上讲，硅谷不再是主要生产以硅为原材料产品的"硅谷"。

1998年，eBay公司在硅谷成立，同年，谷歌公司成立。维基百科公司于2001年成立，特斯拉公司于2003年成立，Facebook公司于2004年成立，Twitter公司于2006年成立。2007年，苹果公司推出了首款iPhone，硅谷进入全新的移动互联网时代。

至此，硅谷作为世界创新中心和全球高科技产业高地的地位最终确立。同时也形成了非常成熟的产学研合作程序，打造出了从学校培养、科技转化到风险投资、公司上市等完整的硅谷创新创业体系。

第二节　硅谷创新模式、发展特点与影响因素分析

一、创新模式

（一）著名大学为硅谷输送创新人才和知识

著名大学园区作为科技创新的核心组织之一，向硅谷的各类高科技公司提供了充足的科技人才和科学知识，并实现了知识、信息、资源在本地区的自由流动。斯坦福大学和加利福尼亚大学伯克利分校每年都根据科技发展需要，向硅谷地区输送近万名高端技术创新创业复合型人才，这些人才大多数通过技术创新、专利转让等方式进行新产品的开发和研究。斯坦福大学的毕业生大部分都在距离学校 100 千米内的区域内工作，圣何塞州立大学、圣塔克拉拉大学等院校也源源不断地涌现出精通各类专业设计，并将新创意予以实用化的设计人员。除了输送人才外，作为硅谷本土高新技术知识制造生产中心，斯坦福大学和加利福尼亚大学伯克利分校也为硅谷提供了大量世界前沿的技术研究成果，硅谷本土的高科技企业纷纷吸收并运用计算机科学等信息技术领域的先进技术和发明成果，并在此基础上形成了自己的最终产品。可以看出，硅谷与当地的企业有着密切的合作伙伴关系，主要表现为以下几个方面：一是硅谷建立了斯坦福大学研究所，致力于军事技术的研究，这成为硅谷众公司发展的基础。二是通过"荣誉合作计划"向当地的企业开放专门的课堂，为它们量身打造适合自身发展的课程，并鼓励专业的电子工程师积极参与硕士研究生项目，做到深度产教融合，同时利用网络建立专门远程教室，方便毕业生继续学习斯坦福大学的最新课程。三是斯坦福工业园区项目建成后，聘请了斯坦福大学的众多教授作为咨询顾问，将斯坦福大学的在读研究生纳入正在进行的项目中。此外，

硅谷社区学院纷纷基于当地企业的需求，开设技术研修项目，与当地企业签订合同，帮助企业培训基层技术工人，作为回报，受帮助的企业派出顾问，帮助当地社区学院改进现行教材，同时也为教师提供兼职工作的机会。

（二）龙头企业成为企业创新网络核心

硅谷的创新系统中最为活跃的因子就是不同类型的企业之间相互联系合作形成的开放创新网络。硅谷的企业创新网络并没有被大型企业或少数几家大型企业所控制，而是一些龙头企业、中小型企业和创新型企业之间通过物流、信息流、技术流彼此进行合作发展共存的一种创新网络。龙头企业作为企业创新网络的核心，通过巨额投资和技术积累，不断研究和开发新产品、新技术，并将核心高科技成果投入到市场，从而引领本行业快速发展。作为龙头企业的供给源，硅谷的中小型企业拥有各细分领域的关键技术，成为企业创新网络不可或缺的一部分。初创企业主要是由大学毕业后自己创业的年轻人、离开公司的技术工程师等富有创意且又洞悉市场的技术人员创立的。这些创业者往往能够发现市场的空白增长点，通过更新产品、创新技术等差异化发展来实现其增长。20世纪50年代以来，硅谷地区发生过多次的产业和技术变革，每次变革都促进了该地区新企业和新技术的成长和发展，最终建立并形成了技术创新型产业集群。在这个过程中形成的龙头企业也成为新的行业发展先锋和引领者，并不断地重塑着硅谷的企业创新网络。

（三）政府为硅谷提供规制保障

硅谷的发展离不开政府采购和企业低息贷款等制度的保障。首先，为了保证斯坦福大学、加利福尼亚大学伯克利分校等著名高校能够长期专注于基础理论研究，美国联邦政府向高校投入了大量科研资金，让其在国防、航空、通信、信息、材料等方面能够进行较为广泛的基础性技术开发。同时，各级地方政府也出台了具有针对性的政策，鼓励全世界范围内的高新技术人才来硅谷开展创新活动，为其发展提供各种便利条件。

美国各级政府对于科技创新推动的政策主要包括：鼓励和保护自主知识产

权并建立专利制度；设立政府风险投资基金支撑关键技术研发；加大高新技术教育投入，设立专项项目针对性为企业培养各级各类科学技能人才；利用税收体系鼓励资金和资源向应用技术研发项目投资；降低本地企业与外国企业不公平竞争中遭受的影响，严格保护特定行业；放宽反垄断法，方便企业最大限度地利用自己的科技创新成果。总之，联邦政府和各级地方政府通过制定各类规章制度，为硅谷的创新发展提供了全方位支持和保障。

（四）完善的创新基础设施和开放包容的创新文化

硅谷的成功不仅是各种创新主体要素的简单糅合，而且创新性基础设施建设也为硅谷的成功提供了良好的创新环境、轻松的创新氛围等必要保障。大型科学工程、实践基地、大型科研机构及装置、自然科学技术信息资源等重要的科学技术基础设施都是开展创新性活动的根本保证。能源供给系统、供水排水管理系统、交通信息一体化系统等城市公用基础设施为企业和人才提供了适宜的工作、居住条件。同时，硅谷有适宜创新文化传播的土壤。创新文化的特征是崇尚冒险，容忍失败，鼓励基层技术人员接受不同的思想潮流。硅谷的创新型企业之所以能够不断创新，是由企业家们创新的勇气、承担风险的魄力、开拓进取的志向和承受失败的精神来支撑的。在硅谷，人们把初创公司看作学习的机器，而不是一家技术公司，所以更能容忍其初创过程中的偏执和错误。此外，硅谷的开放性反映在技术人员移民的高比率和研发人员出身的多样性上。在硅谷，大批来自不同国家和地区，具有不同经济、文化背景的专业工程师和企业家成为硅谷与其来源地核心科技交流的枢纽，这也让更多硅谷的公司和企业直接接触并认识到了其他国家和地区的优秀人才、先进技术和广阔市场，成为硅谷保持创新活力的源泉之一。

二、发展特点

（一）成熟的产学研合作

硅谷的大学、研究机构、企业交流密切，研究成果的产品化过程也十分迅速。可以说，硅谷的发展和产品创新，是在学校和企业相互作用下产生和推进的。值得注意的是，硅谷产学研互动的边界非常模糊，硅谷产学研的紧密合作完全模糊了两者的边界。硅谷的高等院校、研究机构除在人才培养、科技研发和技术创新方面提供了巨大支持外，还为大学毕业生的创业活动提供了咨询和服务，以及场地和仪器设备的配给，利用校友资源提供风险投资机会，甚至通过基金会直接向创业项目进行投融资。同时，硅谷的高等院校、研究机构的教授和研究人员与产业界联系密切，专家们在自己的研究领域创新某项技术时，可以暂时脱离学界，进行创业，将技术商业化，等将创业成功的科技初创企业出售后，他们仍然可以回学校继续科技研发，形成了科技产业界与研究者之间的"旋转门"。此外，斯坦福大学高新技术企业孵化器的主要成员不仅都具备技术背景，而且还拥有法律、经济、管理等专业知识，以及富有创业经验和对市场的高敏感度，所以很难准确地界定他们是什么类型的人才。因此，硅谷的创新具有跨领域的性质，是其研究成果能够快速向市场转化的根源。

（二）宽松的人文环境

硅谷有独特的创业法律服务事务所，在法律上为创业公司提供一系列免费服务，如注册新公司、起草投资条款、提供法律表格等。同时，硅谷的文化环境对于创新和创业非常有利，硅谷人具有挑衅、破坏、无视权威的处世理念，大家都对传统和权威抱有不满，所以积极产生很多新的想法，并能够得到尊重。硅谷鼓励创业，容忍失败，甚至鼓励明智的失败，从不怕失败的文化，为企业家提供了自由发挥的天地。此外，硅谷的文化又十分包容，很多海外移民都被硅谷自身开放的文化环境和创新精神深深吸引，来自全世界其他地方或国家的移民可以迅速融入当地，这种全面的融合，促进了人才的聚集，推动了思想和技术的交流和碰撞。移民人口的增长也进一步促使硅谷地区的多元文化主义形成，这种开放式的多元文化又孕育了创新性思维，成为硅谷经济发展的源泉之一。

（三）充足的政府支持

从第二次世界大战开始，美国政府与硅谷的科技企业签订大量的军事订货合同，成为硅谷发展的"第一桶金"。例如，1941～1943年，惠普公司的大部分业务都来自美国海军研究所。从20世纪50年代开始，美国的防务部门成为加利福尼亚州利顿工业公司的唯一客户，接下来的十年里，计算机的最初用户也全都是军方。1980年，硅谷全部电子产品销售额中，政府采购占了一半以上。进入21世纪，随着伊拉克战争、阿富汗战争的愈演愈烈，美国政府对新式武器研发预算激增，其中大部分项目由硅谷地区的高科技企业承担。美国政府的武器开发丝毫不考虑成本，且不需要知识产权独占权，只是力求最尖端的技术。这为硅谷高科技企业提供了充足的研发资金和空间，并为未来的民用技术奠定了坚实的基础。现在，外界谈论硅谷的时候，往往强调市场的力量和企业家的精神，这固然非常重要，但我们不能忽视政府的大力支持。

三、影响因素

（一）世界一流且富有创新创业精神的大学

硅谷拥有斯坦福大学、加利福尼亚大学伯克利分校等四所著名的大学和数十所专门的科研院所。这些机构注重新技术理论、新工艺、新架构的研究与开发，它们与企业共同组成专业化新技术联盟，共同开发新技术和新产品。这些机构和企业签订了大量的研发合同，极大地方便了将高校研发技术成果直接转化并应用到企业生产中，并最终转化成一种或多种具有市场竞争性的高科技产品。

（二）丰富的人力资源要素

硅谷曾经诞生了40多名诺贝尔奖得主，数千名科学院和工程院院士，20多万名优秀工程师。在硅谷工作的博士学位获得者近万名，其人数在加利福尼亚州博士学位获得者总数中占1/6，而加利福尼亚州则被认为是美国高等教育程度水平最高的州。时至今日，硅谷地区仍然在引进专业技能人才方面走在全美前列，全球最强的专业技能人才和尖端科学技术仍然源源不断地聚集于此。此外，硅谷不仅有创新的技术人才，还有成千上万的创业者，这些优秀的企业经营者不放过任何优秀的技术，能够迅速吸引风险投资，从而将新发明以最快速度变成新产品投入市场。

（三）独特的创业文化

不以失败为耻，珍惜失败的硅谷文化极大激发了员工大胆挑战和探索的热情，孕育了硅谷独特的企业家精神。这种精神不断孕育着创造力和繁殖力，为硅谷的企业注入了强大的生命力。硅谷不仅树立了严格公正的市场竞争规则，而且弘扬在激烈的竞争中向自己的竞争对手学习、重视平等交流的精神。硅谷的创业文化重视团队合作，营造团队间双向交流的氛围。适度的企业间人才流动不会受到指责，而会受到支持和鼓励，这也有助于技术的普及以及丰富创业者的成长经历。

（四）巨大的风险资金支持和成熟的风险投资机制

硅谷之所以能够培育出令人瞩目的高科技企业，是因为风险投资家为该地区创造了新的金融环境。硅谷的风险投资之所以最终能够取得成功，一是硅谷拥有一批敢于大胆挑战风险的创新型投资家，他们不仅具有丰富的商业经验，大多数甚至还有深厚的技术背景；二是成熟的纳斯达克高科技股证券市场为硅谷的风险投资提供了基础条件，著名的纳斯达克就是美国最早用来进行风险投资的证券交易市场；三是成熟的企业风险投资管理机制不仅可以帮助企业提供流动资金支持，还可以向企业引进专门的金融管理人才，帮助企业打造经营管理队伍和改造治理结构，为企业发展提供咨询服务和指导，这些服务在某种意义上甚至比资金支持更为重要。

（五）灵活而富有弹性的组织结构

硅谷企业的组织结构具有灵活性、流动性等特点。硅谷企业的工作组织结构是依照适者生存的自然规律进行架构的，为了应对最新的技术研发或者市场变化，不断建立新型的组织结构来解决实际问题。硅谷企业的组织架构通常采用松散但却紧密联系的一种班组结构，这比井然有序但十分刻板的传统企业架构更先进。这种组织形式能够有效地激发和鼓励各个部门之间以及各个部门与供应商、客户之间进行良好的沟通交流，达到信息的对等，从而解决出现的新问题。

第三节　启示与借鉴

通过对硅谷发展历程、创新模式、发展特点和影响因素的分析，以期找到对我国高新技术开发区乃至雄安新区发展的启示和借鉴。

一、加强企业间技术交流

区域发展的初级阶段是引进，我国很多高新技术开发区比较重视外部企业的引进，希望通过引进一批高新技术企业，促进本地区的技术传播，进而促进当地企业的技术模仿和科学创新。但在高新技术开发区发展过程中，企业内各级职工之间、企业和其他公司之间、企业和其他公共组织（如政府、高校、科研院所、商会等）之间的互动和合作相对较少，交流活跃程度较低，知识和科学技术的流转被阻碍或中断，技术创新的驱动力不断下降，创新的机会也大幅度地减少。因此，培育区域创新网络是我国高新区发展的首要任务。

二、营造区域创新发展软环境

在高新技术开发区的发展过程中，各级政府比较重视对高新区公共交通运输基础配套设施及其他企业发展的硬环境建设。硅谷的成功证明，区域性技术创新的充分发展条件不仅在于硬环境的建设，更多还是在于软环境的营造，即为企业创造一种健全、有益于产业技术创新的和谐社会经济文化氛围。

三、完善社会化的企业服务系统

中国大多数高新技术开发区都建立了服务中心、创业中心（即孵化器）、行业协会、律师事务所等中介服务机构。这些机构确实为科技型企业尤其是中小微型企业的诞生和发展以及高新区的发展发挥了重要作用。但由于每一个中介服务机构都是单独行事，不能做到相互之间的分工和协作，使整体服务结构显得不健全，致使企业的运营成活率、经营成功度较低。因此，有必要建立一个完善的社会化服务体系，充分发挥行业协会等高端服务机构的综合职能，更加全面地掌握高新技术产业快速发展的主要综合性技术、市场信息。

四、引入研究型大学和科研院所

和德国、日本等国家大多数科技园一样，硅谷的成功离不开斯坦福大学、加利福尼亚大学等研究型大学和科研院所的支撑。最有名的莫过于与硅谷同时发展起来的128号公路高科技园区，不论是当时一度繁荣的"美国科技高速公路"，还是后来完成转型的128号公路新型科技园区，都离不开麻省理工学院、哈佛大学等研究型大学和科研机构的技术支持。研究型大学和科研院所的加入可以使政、产、学、研更加紧密地结合在一起，不断孕育、吸引高科技人才，研发、改进高科技技术，为科技园的发展提供强大的智力保障。因此，我国高新技术开发区乃至雄安新区在建设过程中，都应重视把研究型大学和科研院所引入园区。

五、创造优秀的风险投资环境

想要发展科技创新、聚集人才，必定需要资本的加持，而硅谷之所以能够取得如此瞩目的成功，少不了风险投资的关键助力。据美国风险投资协会统计，最大的风险投资机构大部分都在硅谷。根据硅谷指数可知，2020年，硅谷风险资本融资创历史纪录达到264亿美元，而硅谷所在的加州达到670亿美元，是美国最吸引风险投资的区域之一。同时，硅谷形成了由风险投资家、投资者和创新企业家三类经济主体，以及风险投资公司、创新企业和公开资本市场三类经济组织构成的完整风险投资治理结构。在这个结构中，硅谷的风险投资家决定了风险投资的质量，风险投资企业制度直接决定了对风险投资家的激励与约束。丰富的风险投资资金来源提高了风险投资的效率，有效的资本市场提供了发现公平价格、提供流动性、降低信息成本和配置资本等基本功能，使投资能够主要集中于高科技产业和创新企业的初创阶段。硅谷完整的风险投资治理结构有效地克服了高科技创新过程中的高度信息不对称、不完全和不确定带来的困难。风险投资在帮助这些高科技企业渡过资金紧缺难关的过程中，也获得了丰富的收益，如苹果公司、惠普公司、英特尔公司等上市之后为投资人带来了丰厚的回报。硅谷优秀的风险投资环境为其发展带来了不可忽视的作用，因此，在我国高新技术开发区建设过程中，要积极鼓励和支持创业投资和风险投资的发展，在发展技术的同时，科创园区还应该不断吸收创业资本，使创业资本与技术成果进行匹配选择，进一步提高科技成果转化率，同时提高创业资本的收益率。

六、培育优秀的文化精神

硅谷的成功同样离不开以"创新创业"为核心的硅谷精神，以及高度信任的工匠精神。硅谷精神增强了硅谷对人才的聚集能力，而高度的相互信任在硅谷的企业乃至社区内形成了一种文化，加强了彼此之间的合作。硅谷勇于创新和敢于冒险的企业家精神，容忍失败、尊重失败的包容精神，敢于做梦、执着追梦的创富精神等，也推动了硅谷的创新发展。但是硅谷精神也并不是从来就有的，而是在实践中生成和培育起来的。

硅谷是世界高科技创新的源泉，从初期的军工产业到后来的网络经济，硅谷以产业集群的方式引领全球经济发展。在构建社会化的企业服务体系、打造适合区域创新发展软环境的基础上，促进各主体深度交流融合，成为硅谷近百年来屹立不倒，从一个辉煌走向另一个辉煌的重要原因，这也为我国高新技术开发区的发展提供了经验借鉴。

第八章　京津冀高质量协同发展的思考与对策

京津冀协同发展的目标是建立以首都为核心的世界级城市群，打造中国经济的第三极。"十四五"时期，京津冀城市群的协同发展，需要在新发展理念的引领下，明确城市群功能定位，通过体制机制的创新，优化城市功能空间结构，完善城市规模体系，逐步提高区域治理水平，以加快京津冀世界级城市群的建设步伐和质量。

第一节　现实研判

京津冀协同发展战略实施 5 年来，在协同发展规划与顶层设计、产业分工与一体化、交通基础设施建设、城市定位、生态环境共治和公共服务均衡发展等方面，都取得了积极的进展。目前已进入"滚石上山、爬坡过坎、攻坚克难"的关键阶段，需要准确把握总体要求，认清协同发展面临的现实困难和差距，对于推进京津冀高质量协同发展具有重要的意义。

一、面临区域整体增长的压力

（一）经济水平方面

目前，京津冀地区的协调发展已有所成就，经济总量比较大，但京津冀地区经济增速持续疲软，人均 GDP 远低于长三角城市群和珠三角城市群，与世界级城市群也有较大差距。2014～2019 年，国内三大城市群中长三角地区的 GDP 总量和 GDP 占比最高，京津冀地区均居三地末尾且出现波动性增长的态势，如图 8－1 所示。

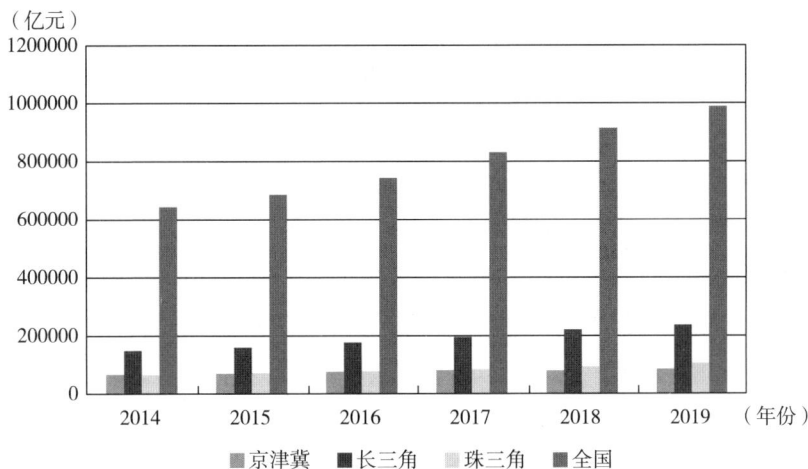

图 8－1　京津冀、长三角和珠三角地区 GDP 比较

资料来源：《2019 年国民经济和社会发展统计公报》。

京津冀地区 GDP 总量占全国 GDP 总量的比重从 10.32% 下降到 8.56%，在 5 年内下降了 1.76 个百分点，而长三角地区提升了 0.77 个百分点，珠三角地区提升了 0.5 个百分点（见图 8－2）。

产业发展是区域经济发展的核心，产业结构与地区发展质量和速度密切相关。从第三产业占 GDP 的比重来看，2018 年长三角为 42.53%，珠三角为 42.37%，

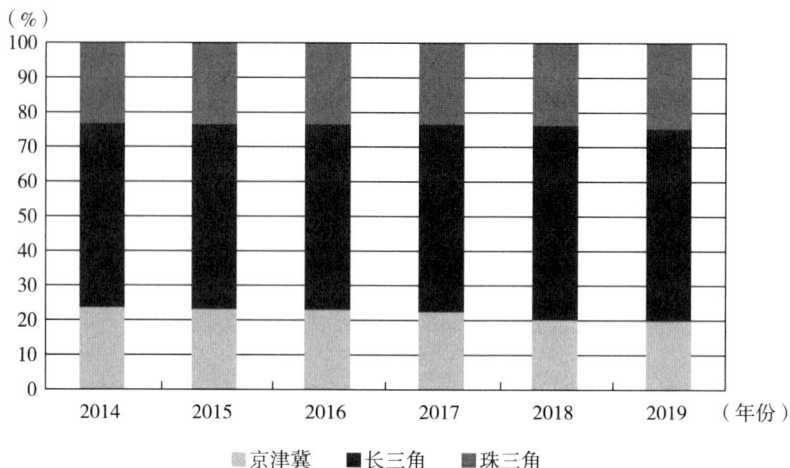

（%）
100
90
80
70
60
50
40
30
20
10
0

2014　2015　2016　2017　2018　2019　（年份）

■京津冀　■长三角　■珠三角

图 8-2　京津冀、长三角和珠三角 GDP 占全国产值的比重

资料来源：《2019 年国民经济和社会发展统计公报》。

京津冀地区仅为 35.70%。京津冀地区在高新技术产业方面也较为落后，作为京津冀中研发重镇的北京市新产品开发支出仍与上海、江苏、浙江等省市存在较大差距，天津市与河北省则更为落后。京津冀亟待加强经济结构调整力度，逐渐转换经济增长动能。

（二）科技创新能力方面

科技创新是决定地区经济增长的深层力量，对于地区的动能转换和经济高质量发展具有重要的影响。北京是全国科技人才最集中的城市，但最近几年北京的科技创新指数也在下降，无论是科技创新，还是通过科技创新带动的经济发展，呈现后劲不足的趋势（见表 8-1）。

表 8-1　2018 年三大城市群创新投入量和创新产出量比较

地区	京津冀	长三角	珠三角
R&D 经费内部支出（百万元）	124924	75630	15445
申请专利数量（万件）	39	141	79

资料来源：《中国科技统计年鉴（2018）》。

京津冀地区 R&D 人员全时当量和 R&D 经费内部支出均在三地中居于首位，而创新成果数量却在三地中居于末尾，低于长三角和珠三角的创新成果水平，其中有效专利和申请专利数量仅占长三角地区的 26%。可见，京津冀地区创新投入数量较高，而创新产出量却较低，创新效率低下，创新转化能力不足。

如图 8-3 所示，从规模以上企业科技研发经费所代表的科技创新来看，京津冀落后于长三角和珠三角，而且三大城市群间的差距还有逐渐拉大的趋势，京津冀在以科技创新促进经济发展方面已经被长三角和珠三角两个城市群全面超过。京津冀同长三角、珠三角相比，有一定的原创性科技创新，但是缺少企业的支撑。

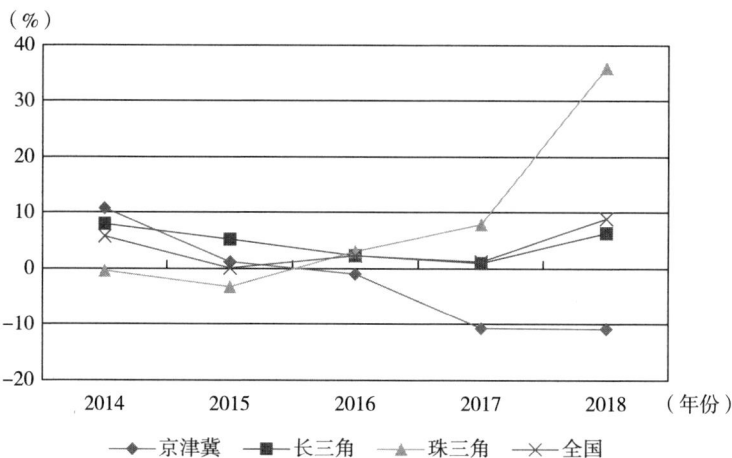

图 8-3 三大城市群规模以上工业企业研究与开发人员全时当量增长率

资料来源：《中国科技统计年鉴（2018）》。

（三）区域开放性程度比较低

从主要航空枢纽的国际航线数量方面来看，京津冀城市群拥有 120 条航线，数量居国内三大城市群之首，但与美国大西洋沿岸世界级城市群 673 条国际航线相比仍有很大差距①。而从主要港口的国际航线数量来看，京津冀拥有数量处于三大城市群末位，目前已开通的港口国际航线仅为长三角、珠三角的1/2。随着北京大兴国际机场的建设，京津冀城市群主要航空枢纽的国际航线数量将进一步提升。但是在港口资源配置与对外开放方面仍面临主要港口功能定位和产业分工亟待调整优化、港口间无序竞争导致资源浪费、未能形成核心竞争力、港口物流交通体系发展滞后不能满足港口资源合理配置和腹地经济社会发展要求等问题。

二、区域内部分化明显

区域发展不平衡不充分的问题仍然是京津冀发展中的重要问题。三地在资源禀赋、产业基础方面差异较大，导致区域内部分化明显，各城市之间在经济发展、生活水平、创新能力和公共服务等方面存在差距。

（一）城市间经济落差大

京津冀区域内部经济发展差距有所缓解，但不管是从经济的总体规模来看还是从人均经济发展水平来看，城市群内部经济发展存在"断崖式"差距，经济结构在空间上呈现出一种以北京为核心，逐渐向周边递减的趋势。

在2014年，京津冀地区的生产总值占全国的10.4%，2018年下降到了9.5%。2018年，京津冀地区的国内生产总值总共为8.5万亿元，其中，北京市的生产总值为30320亿元，分别包括第一、第二、第三产业的增加值为118.7亿元、5647.7亿元和24553.6亿元；天津市的生产总值为18809.64亿元，分别包括第一、第二、第三产业的增加值为172.71亿元、7609.81亿元和11027.12亿元；河北省的生产总值为36010.3亿元，分别包括第一、第二、第三产业的增加值3338亿元、16040.1亿元和16632.2亿元②。从京津冀三地GDP占城

---

① 金鹿，王玲．京津冀打造世界级城市群发展研究——基于三大城市群综合评价分析［J］．开发研究，2019（5）：53－58．
② 京津冀三省市的《国民经济和社会发展统计公报（2018）》。

市群 GDP 的比重来看，2014 年占比分别是 32.1%、23.7%、44.3%，2019 年分别为 41.8%、16.7%、41.5%，[①] 北京市有所上升，天津市和河北省则下降了，京津冀三地的经济发展差距呈现拉大的趋势，如图 8-4 所示。

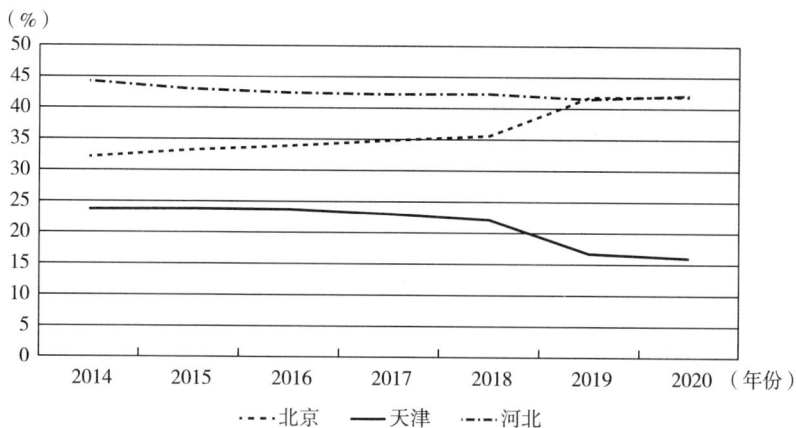

图 8-4　三地国内生产总值占京津冀地区总产值的比重

资料来源：历年《北京统计年鉴》《天津统计年鉴》《河北经济年鉴》。

除了 2019 年河北全省国内生产总值略低于北京市，其余年份河北省生产总值均为最高，但从城市分布来看，河北省内 11 个地市的生产总值与京津相比存在明显的落差。

从总量来看，北京市的生产总值为 3.5 万多亿元，河北省内还没有达到 GDP 万亿级别的城市，石家庄和唐山的生产总值分别为 5393 亿元和 6890 亿元，而承德市总值只有 1471 亿元，北京市的总产值是唐山市的 5.1 倍，天津的 2.5 倍，石家庄的 6.5 倍，承德的 24 倍。2018 年，北京市的人均 GDP 为 14 万元，天津市为 12 万元，河北省人均 GDP 是北京市的 34.1%，天津市的 39.6%。河北省人均 GDP 最高的城市是唐山市，为 8.76 万元，超过了全国的平均水平。

---

① 资料来源：《中国统计年鉴（2020）》。

北京市和天津市的人均经济发展水平，分别是唐山市的 1.6 倍和 1.4 倍（见图 8 - 5）。

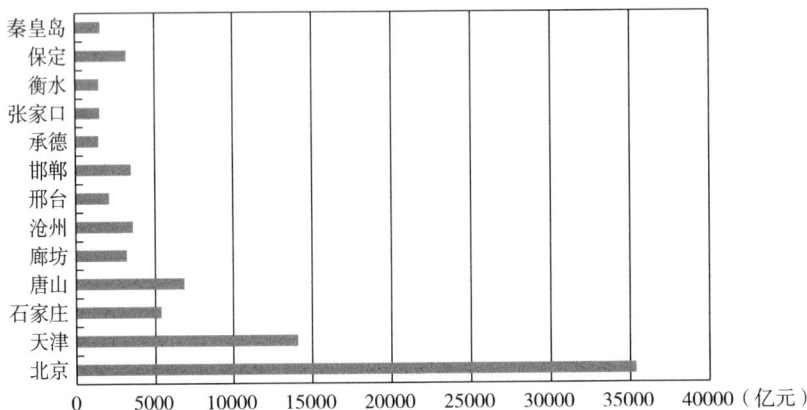

图 8 - 5   2019 年京津冀城市群国内生产总值统计

资料来源：《国民经济和社会发展统计公报（2019）》。

（二）三地产业链链接不足

1. 产业结构差异

经济差距背后是区域产业结构的差异，美国经济学家钱纳里认为：在工业化中期阶段，大部分产业都是资金密集型的，有着大量的资金需求；在工业化后期阶段，第一产业和第二产业都有了较高水平的发展，第三产业进入高速发展时期，对区域内经济发展做出巨大贡献，新兴的服务产业如信息、金融、广告等发展最快。

2019 年京津冀地区三次产业结构比例为 4.5∶28.7∶66.8，在各地产业结构中，北京市为 0.3∶16.2∶83.5，天津市为 1.3∶35.2∶63.5，河北省为 10.3∶39.7∶50.0。[①] 根据钱纳里的理论，北京市已经进入后工业化的阶段，主要以服务业为

---

① 资料来源：京津冀三省市的《国民经济和社会发展统计公报（2018）》。

主，天津市正在由工业化后期向后工业化时期过渡，河北省目前还处在工业化发展的中后期，重工业还是其主导产业。河北省产业结构呈现出"三二一"的理想结构，第三产业对经济增长做出的贡献第一次超过了第二产业，表明河北省的产业结构得到了优化升级。一方面，产业结构的转型升级取得了一定成就，装备制造业的增加值超过了重工业，战略性的新兴产业增长速度也超过了传统的产业，高新技术产业取得了很大的进步。另一方面，不断扩大的消费需求也在很大程度上拉动了经济增长。

京津冀三地第三产业的比重分别为：北京市83.5%、天津市63.5%、河北省51.3%。从数据来看，三次产业结构都已经进入服务业占主导地位的阶段，但三地的服务业发展并不平衡：生产性服务业在北京市高度聚集，而天津市和河北省的生产性服务业发展则比较落后。河北省传统的重工业在产业结构中所占比例依然很高，这是由于在新旧动能转换的过程中，旧有增长模式的退出是波动性的，新动能尚未完全覆盖一二三产业。

京津冀三个地区的产业结构有非常明显的梯度差，北京的产业结构为"退二进三"、天津市为"接二连三"、河北为"培二育三"，产业梯度差异过大不利于城市群内产业转移。

2. 产业分工不理想

长期以来，京津冀城市群分工不明确，产业布局统筹不足，在确定发展方向方面缺乏专业分工和区域协作，出现了很多城市的发展导向一样的现象，如都将未来的发展重点确定为战略性新兴产业，发展金融经济、总部经济、会展经济等。京津冀的产业结构体系具有较高相似度的特点，例如，河北和北京、天津和北京、天津和河北之间的产业同构系数分别为0.37、0.61和0.81。这会使重复建设和无序竞争成为城市规划时面临的问题，京津之间并没有密切的分工协作关系，彼此之间的竞争关系大于合作关系，没有合理的市场和劳动力分工的功能性结构，而且京津地区的关系定位不明确，这对区域经济起不到明显的带动作用。

京津冀城市群内只有北京的分工指数始终大于1，分工情况较好。但从整个城市群来看，北京有疏解而少辐射，也就是对周边地区缺少经济发展的辐射带动作用。出现这种情况的直接原因是北京第二产业的比重已经很小，与河北的经济联系缺少途径。北京以服务业为主的产业结构和以消费为主的需求结构已经确立，科技创新、文化创新已经成为驱动发展的新引擎，天津和河北的产业仍处于转型升级的深度调整期。如生产性服务业在北京高度聚集，而天津和河北的生产性服务业发展则比较落后。

另外，河北省的GDP在2018年增速为6%，在全国范围内排名第21，排位较靠后，河北省的财税来源主要是传统行业，河北省的服务业对经济发展做出的贡献跟北京和天津比起来仍然有很大的差距。总之，在河北省的产业结构中，主要还是传统的重工业，在调整产业结构、治理污染、转变生产方式和提高产能方面仍然面临巨大的压力，调整产业结构是一个非常漫长的过程。制约新旧动能转换的体制机制障碍依旧存在，新增长点的发力并不稳固，以新技术、新产业、新产品、新业态、新模式为标志的新经济尚在培育中，具有较强创新能力的产业集群和高端产业链的形成需要一定时间。

（三）区域创新能力差异大

京津冀城市群科技创新资源富集，但城市群的创新资本、创新主体大多聚集于北京和天津，特别是北京聚集了大量的人口、科技、教育、文化等资源要素，河北省内的技术要素禀赋较小，创新资源在空间分布极化现象是很明显的。

在我国的高校院所中，北京市和天津市的数量一直是遥遥领先的，科研力量非常强大，北京市和天津市拥有的高等院校分别为93所和56所，在我国的"985"高校中，北京市有8所，天津市有2所；在我国的"211"高校中，北京市有26所，天津市有3所。然而不管是"985"高校还是"211"高校，河北省内却一所都没有。2019年，平均每百万人拥有高等院校数量，北京为4.13所，天津为3.59所，而河北省为1.61所。北京市在校研究生数量最多，约为河北省的6.54倍，天津市的4.9倍，科研力量非常强大。可见在高等教育水平上北京市遥遥领先，河北与北京、天津地区高等教育尤其是研究生等高层次人才培养方面存在巨大的差距。

在创新投入方面，河北省研发经费支出 452 亿元，占京津冀的比重为18.1%，占全国的比重只有 2.6%。天津市的研发经费与河北省基本一致，在京津冀城市群中北京的创新投入占了很大比重。

在创新产出方面，京津冀城市群关于专利申请数和授权数的整体数量是增加的。2018 年，全国专利申请 432.3 万件，授权量 244.7 万件，其中京津冀三地的专利申请为 39.4 万件，授权数量为 82.97 万件，分别占全国数量的比例为9.1% 和 33.9%。北京市专利申请 21.1 万件，授权量为 12.3 万件，其中申请的发明专利有 10.9 万件，授权量为 4.8 万件，有效发明的专利增加了 17.5%，达到了 24.1 万件。天津市的专利申请量为 9.9 万件，专利的授权量为 5.47 万件，其中分别包括发明专利和有效发明专利 5626 件和 3.21 万件。河北省申请专利的受理量为 8.4 万件，授权量为 5.2 万件，比 2017 年分别增加了 36.7%和 46.8%。

2018 年，全国技术合同成交总额为 17697 亿元，京津冀技术合同成交总额合计 6183 亿元。其中，北京市签订了 82486 项各种类型的技术合同，合同成交额达到了 4957.8 亿元，天津市签订的各种技术合同总共有 11315 项，合同成交额为 725 亿元，比 2017 年增加了 10.2%，技术交易额达到了 553 亿元，增长了11.3%。河北省技术合同成交总额突破 500 亿元，增速很快但总量仍然很低，总量只占全国成交总额的 2.8%，占京津冀成交总额的 8%，占北京成交总额的10%（见图 8-6）。

京津冀城市群内的创新投入与产出存在明显的差异，京津冀三地科技创新能力呈现明显的梯度差异，特别是河北省的科技创新能力在三地中是个"短板"，2019 年我国 31 个省份区域创新能力综合排名中，北京市排名第 2，天津市排名第 9，河北省排名第 20。河北省在产业配套、人才支撑、公共服务、营商环境等方面的承接能力明显不足，大多数北京市高端创新要素资源跨区域向南方城市进行异地转化，转移到河北省的很少。京津冀科技创新优势尚未充分发挥，区域创新能力不平衡，制约了京津冀城市群的进一步协同发展。

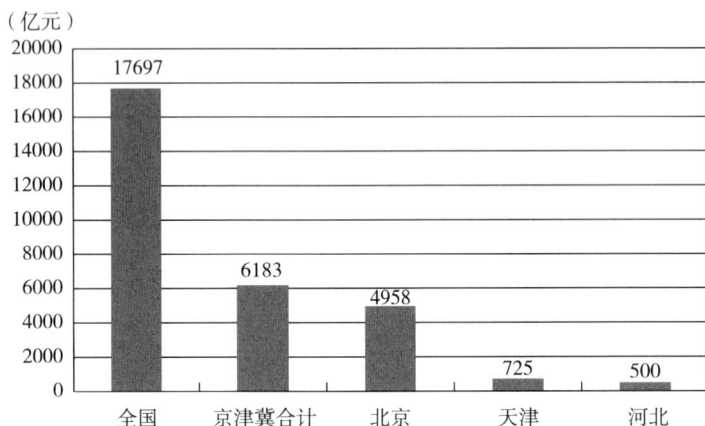

图 8-6 京津冀三地 2018 年技术市场成交额统计

（四）公共服务水平差距大

京津冀地区是我国公共服务资源最为密集的地区，但在人均一般公共服务支出，博物馆、图书馆等公共文化服务设施数量方面，京津冀城市群明显落后于长三角和珠三角城市群。而且公共服务资源空间分布极不平衡，大量的优质公共服务聚集在北京和天津这两个地区，河北基本公共服务水平和质量明显不如京、津两地。

河北省拥有的高校、医院和医疗机构总量不少，但其优质教育和医疗资源数量远远少于京津。在医疗保健资源方面，三省市存在较大差异，截至 2018 年，北京市在卫生医疗机构、人均执业医师数量、人均医院床位数等方面都强于津冀地区，优势明显。在北京市的常住人口当中，平均每千人就有 5.1 个执业医师和 5.38 张床位，天津市的执业医师数为 2.76 人/千人、4.14 张床位/千人，河北省有执业医师 2.78 人/千人、4.2 张床位/千人。城市群内部的社会保障制度在社会救助、医疗和养老等各个方面都存在不均衡的问题。截至 2018 年，北京市的最低职工工资为每月 2120 元，城乡居民的生活保障最低为每月 1000 元，最低失业保险保障为每月 1536 元，均高于河北省，河北省的保障标准低但保障人数却高于京津。河北省实现广覆盖率比较困难，而且存在比较严重的贫困问题，所以更需要河北加强与京津地区经济合作。

三地城镇化水平差距大，2018 年北京市的城镇化率为 86.5%，天津为 83.15%，北京、天津已经进入高度城镇化阶段，河北与京津两地差距非常明显。河北省的常住人口总数为 7556 万人，其中有城镇人口 4264 万和农村人口 3293 万，在 2017 年的常住人口中，城镇化率达到了 55%，到 2018 年涨到了 56.43%，可以看到省内的城镇化率明显提高，但是跟全国 59.58% 的平均水平相比，还是有一定的差距，在整个河北省内，只有唐山、石家庄和廊坊这几个市的城镇化率高于全国水平，达到了 60% 以上（见图 8-7）。

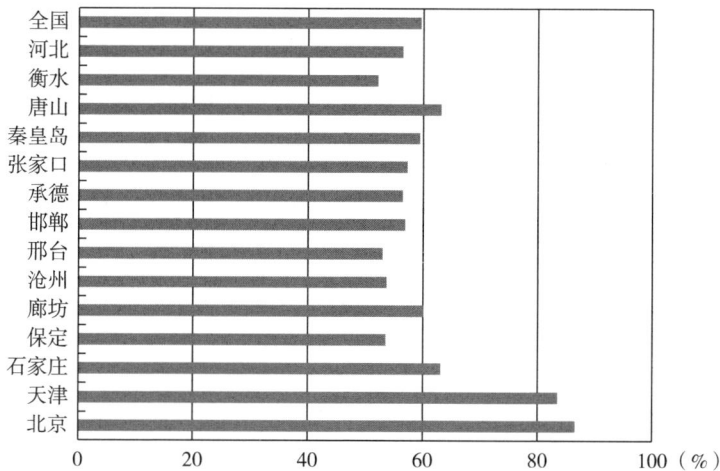

图 8-7 2018 年京津冀城镇化水平比较

（五）经济联系强度低

在京津冀区域内，北京和天津是京津冀城市群 11 个城市的首选联系城市，北京与天津在空间位置上是非常接近的，并且在生产总值和人口规模方面，两个城市的发展水平都非常高，周边城市的生产总值非常少，而且跟核心城市的距离比较远，彼此之间也没有很强的经济联系。河北各市的联系不足，一般邻近的城市联系会更多一些，张家口和承德的联系首选是北京，秦皇岛与唐山联系多，邯郸与邢台联系多。

与长三角和珠三角城市群相比，京津冀城市群的联系规模呈现出"京津"双核结构，缺少次级的核心城市。而长三角城市群呈现出上海、苏州、无锡和杭州多点并存的特征。在联系范围和紧密度上，京津冀城市群在交通、经济发展等支撑下，内部的城市联系有明显增强的趋势，但联系仍是松散的，网络化特征不明显。而在长江三角洲地区，已经有了非常密集的内部联系网，内部联系多样化特征突出，城市群内协作的程度优于京津冀城市群。

北京极化效应过大。北京虽然是京津冀地区的核心城市，但是其对周边城市的辐射带动作用非常有限，其周边地区的发展没有达到理想的状态，形成了两个"孤岛"现象：北京市中心和郊区之间的孤岛现象，北京市和周边城市之间的孤岛现象。河北省的城市体系对北京和天津两个城市的依赖性非常强，没有一个辐射带动全省经济发展的中心城市，跟北京和天津相比，石家庄和唐山等次区域中心带动能力始终不强，中小城市聚集人口的能力比较弱，不能吸纳大量的劳动力，公共服务设施落后，因为行政壁垒，各个城市间的合作也受到了阻碍，在这种情况下，即使北京和天津的发展质量在空间上有所溢出，也不能带动河北省城市群内其他城市发展质量的显著提升。由于城市间人口数量分布不均衡，使大城市经济飞速发展，北京市人口流动强度最大，北京的辐射能力最强，天津次之，其他城市的对外辐射扩散能力明显很弱。北京和天津这两个城市之间的距离比较近，所以说，作为首位城市和次位城市，二者之间不仅没有产生理想的协同作用，反而形成了一种竞争的局面，相互之间掠夺资源，导致周边城市不仅没有享受到辐射作用，反而由于这两个城市之间的竞争造成的"虹吸效应"，减慢了周边城市的发展速度。

三、城市规模结构呈现断层

城市群人口空间分布极化严重，城市群内人口不断向北京和天津两个核心城市集聚，造成资源环境关系紧张。在城市规模体系上出现断层，尚未建立多中心协同发展的格局，区域中次级中心城市发育不足。北京、天津这两个中心城市以外，甚至都没有一个特大城市，最有希望成为特大城市的石家庄与京津差距明显，县城数量多、规模小，导致城市发育程度普遍低下，城市密度不高，没有形成合理梯度的城镇体系。

2018 年，北京市常住人口达到了 2154.2 万，其中包括 1863.4 万的城镇常住人口，天津市的常住人口为 1559.6 万，城镇人口为 1296.81 万，石家庄市排在第三位，有 1095.1 万的常住人口，其中城镇人口为 691.7 万。

京津冀城市群中，核心的超大城市规模过大，而大城市和特大城市的数量非常少，整个城市体系呈现出来的规模是两头大，中间小，规模结构呈现"哑铃"的形状，在超大城市和中小城市之间，没有大城市做连接，出现了中间坍塌的现象，大中小城市之间的规模结构也不能衔接，跟理想的金字塔形状有很大的出入（见表 8-2）。

表 8-2 京津冀城市群城镇规模等级分布

城市等级		等级规模	城市名称	数量
超大城市		>1000 万	北京、天津	2
特大城市		500 万~1000 万		0
大城市	Ⅰ型大城市	300 万~500 万	石家庄、邯郸、唐山	3
	Ⅱ型大城市	100 万~300 万	保定、张家口、秦皇岛、定州	4
中等城市		50 万~100 万	衡水、邢台、廊坊、承德、沧州、晋州、新乐、遵化、迁安、武安、南宫、涿州、高碑店、泊头、任丘、河间、霸州、三河、深州、辛集	20

续表

城市等级		等级规模	城市名称	数量
小城市	Ⅰ型小城市	20万~50万	沙河、安国、平泉、黄骅	4
	Ⅱ型小城市	20万以下		0

资料来源：2014年11月国务院《关于调整城市规模划分标准的通知》：50万人以下的城市为小城市，其中20万~50万人为Ⅰ型小城市，20万人以下为Ⅱ型小城市；50万~100万人为中等城市；100万~500万人为大城市，其中300万~500万人为Ⅰ型大城市，100万~300万人为Ⅱ型大城市；500万~1000万人为特大城市；1000万人以上为超大城市。

城市结构的断层，造成了城市群的两极分化，使超大城市的辐射带动作用不能完全发挥出来，从而造成了京津冀地区中小城市没有后劲的局面。在整个京津冀地区，虽然有很多的小城市，但是由于大城市和超大城市有着超强的聚集能力，导致周边中小城市发展能力不够，整个京津冀区域出现了大量的中小城市，却没有一些规模稍大的大城市，削弱了京津冀地区城市体系的系统性，使区域内的城市结构和规模被分散，次级中心城市在高端城市服务职能、区域辐射带动力、创新能力和产业基地方面都有不小差距。各个城市之间相互协作的能力不强，整个城市系统不够高效合理。

第二节　未来思考

京津冀高质量协同发展是以首都功能有效集聚、非首都功能彻底疏解、打造高质量世界级城市群为目标，政策制定和市场引导均要以这个目标为前提和依据；京津冀高质量协同发展的政策体系，必须是一套包括具体机制、实现途径、操作指南和实施步骤的完整体系；要创新区域政策理念，提高区域协调能力，形成市场主导、政府引导、社会组织积极参与的区域治理体系。

一、基本原则

(一) 补"短板"与整体增长并重

区域协调发展战略是新时代国家重大战略之一，是贯彻新发展理念、建设现代化经济体系的重要组成部分。区域协调发展主要包括人均收入的均等化、基本公共服务的均等化、交通等社会基础设施的通达性三个方面的含义，这需要有经济增长效率和发展水平的支撑，而经济分割是制约区域协调发展的主要障碍。京津冀发展的"短板"在河北省，需要率先补齐区域发展"短板"，河北省应深度融入京津冀协同发展，在高质量发展的细分领域迅速靠近京津区域。

强化科技与经济的对接。一是优化区域创新链条。京津冀地区创新梯度差异大，应利用北京全国科技创新中心的优势，重点提高河北省的创新承接能力，完善创新—研发—应用链条。以各地高新区为基地打造若干个科创中心，建设京津冀创新的反磁力中心，发挥科技创新要素的邻近空间溢出效应，形成合理的区域创新梯度。二是坚持产业链支撑。京津冀高质量协同发展需要世界级产业集群的支撑，推动数字化发展，以产业链部署创新链，以创新链布局产业链，加快建设数字京津冀。三是完善基于产业链的协同创新平台。充分加强京津冀三地在科技创新、人力资本、城市建设等领域的合作，从整体而非从单个省域优化区域产业结构，以增强京津冀地区的整体发展能力。构建以产业分工与合作为基础的科技资源共享平台，进行产业协作，使经济功能、产业功能与科技创新中心结合起来，促进京津冀产业链与创新链对接融合，着力增强河北尤其是京津周边地区与京津之间的产业关联度，促进京津产业顺利向周边地区转移，加快在产业层次上体现科技创新成果的价值。

(二) 坚持新发展理念

党的十九届五中全会对"十四五"时期我国经济社会发展及社会主义现代化建设布局做出了清晰描述，即新发展阶段、新发展理念、新发展格局。高质量发展是体现新发展理念的发展，是创新成为第一动力、协调成为内生特点、绿色成为普遍形态、开放成为必由之路、共享成为根本目的的发展。

京津冀要实现高质量发展，首先应树立全局观念。要坚持"一盘棋"布局，在城市建设中贯彻"以人民为中心"的发展理念。消除歧视性、隐蔽性的区域市场壁垒，打破行政性垄断，加快促进土地、劳动力、资本、技术、数据自由流动，提高要素配置效率，三地按照各自的功能定位因地制宜地推进京津冀协同发展。其次应贯彻创新、协调、绿色、开放、共享的发展理念，提升产业链供应链现代化水平，大力推动科技创新，打造未来发展新优势，形成以国内大循环为主体、国内国际双循环相互促进的新发展格局。

（三）"疏解"与"培育"并举

区域协同发展主要有三个维度，即公平、高效、可持续。近几年，三省市协同发展各项工作不断取得新进展，京津冀发展整体性增强。"十四五"期间是我国全面建设小康社会、基本实现社会主义现代化的关键时期，区域经济的高质量协调发展问题将是影响我国社会主义现代化建设的关键问题，新时期国家的重大发展战略之一就是实施区域的协调发展战略，充分激发京津冀城市群创新的发展动力。

坚持把承接北京非首都功能疏解的过程，作为推动河北产业结构优化升级的过程，着眼点在于要将周边的中心城市做大做强，增强其他城市对要素的吸引力。以雄安新区为圆心，以 100～200 千米为半径，统筹好周边地市的发展。同时，可以将保定、廊坊、石家庄、唐山作为重点区域性中心城市加以培育。唐山的辐射范围以冀东为主，廊坊、保定作为雄安新区的重要辐射地和战略腹地，辐射范围主要集中在冀北地区，石家庄以冀中南地区为主。辐射效应传递的非顺畅性决定了京津冀城市群发展需打破行政区划分割，谋划产业的跨区域布局。

二、以首位城市为辐射的核心，缩小区域发展差距

区域经济发展离不开龙头城市的引领辐射作用，而首位城市的有力引领、是城市群参与全球竞争的共同特征。如美国东北部大西洋沿岸城市群、英国中南部都市群，都具有多中心网络化的特征，都有一个领袖级的首位城市，表现出超高的网络联系能级，首位城市纽约和伦敦是最具"为全球提供高端服务"和"在全球布局生产和缔造产业链"能力的城市，引领区域内的城市结节成网，参与全球竞争。北京是我国的首都，同时也是京津冀城市体系的首位城市，人口规模和 GDP 规模在京津冀城市体系中较大。

《京津冀协同发展规划纲要》明确了北京、天津及河北三省市的功能定位，以及疏散或承接产业转移的方向和类型。按照《京津冀协同发展规划纲要》要求，北京未来重点疏解的产业为公共服务功能、部分第三产业以及事业性机构，即教育医疗、区域性物流基地以及企业总部。首位城市的打造要和文化功能、国际交往功能、科技创新的功能紧密结合，要对其产业结构进行优化升级，形成创新引领、技术密集、价值高端的经济结构，强化北京的国际交往功能，打造高端国际交流平台，打造成世界级创新增长极。

需要对首都的现有产业、交通、城镇、生态功能进行调整，适当疏解北京中心城区非核心功能，疏解非首都功能人口，利用经济、政治等优势发挥自身辐射作用，增强对周边地区的辐射带动力，构建有利于经济发展的产业链条，实现京津冀的实质融合。立足区域产业优势，充分发挥国家级和省级产业集聚平台的作用，以产业对接、合作、转移为重点，构筑区域产业链供应链体系，引导各市中心城区产业高端化发展，通过产业衔接、融合和升级，打造各具特色、梯次布局的产业集群。加强京津冀区域重点产业合作，实施"强强联手"，形成区域产业联盟，联合打造区域产业品牌，将相同或相近的产业做强做大，培育区域核心竞争力。

要素的自由流动是京津冀协同发展的经济基础，加快资源要素市场化进程，是实现京津冀协同发展，优化京津冀城市群空间结构的必然要求。行政壁垒众多，资源要素的流动成本就高，现阶段存在的空间分割、行政分割以及市场分割造成要素流动受到限制。发达国家区域人均差距长期较小，关键在于各类要素在市场机制下充分流动，进而在集聚中走向平衡。应从区域空间规划方面入手，明确城市群中各城市的功能定位，对北京的非首都功能进行疏解，着力解决三地在发展政策、公共服务等方面的不合理配置，构建有利于资源自由流动和优化配置的环境。破除制约协同发展的行政壁垒和体制机制障碍，推进人流、物流、信息流等要素市场一体化，为区域协同发展、高质量发展提供制度保障。可以联合建设各类生产要素市场和消费品市场，推动各种要素在区域内自由流动和优化配置，推进创新要素市场的区域一体化，实现由行政定价向市场定价的转变，避免低效配置以及要素错配事件的发生。继续强化公共服务政策衔接，推动产业、基础设施、公共服务等向河北延伸布局。既要针对"短板"加快市场化改革，还要从城市群层面基于市场规律统筹推进区域协调发展。

三、以多节点为支撑，优化空间布局

京津冀协同发展要解决城市病的问题，从空间上主张发展"一体两翼"的空间结构。"一体"就是北京中心城区，"两翼"分别是北京城市副中心和雄安新区，此即为京津冀城市群空间布局的基本方向。

（一）践行城市功能定位

《京津冀协同发展规划纲要》已经确定了京津冀"一核双城三轴四区多节点"的空间布局，也基本确定了三地及各城市的功能定位，是实现城市群产业协作、生态协同、公共基础设施以及交通设备互联互通的基础，使城市群能够尽快实现空间上的协同发展。京津冀三地应遵循顶层设计的功能定位，借鉴发达国家城市群发展的经验教训，并结合本地特色和实践，对城市进行合理布局，推进"规划同编、产业同链、交通同网、金融同城、信息同享、科技同兴、生态同治"，充分发挥京津冀各城市的分工协作，实现功能互补、区域联动。

立足京津冀产业链、创新链和资金链发展现状，选择汽车、航空航天、生物医药及钢铁等重点产业率先进行整合，打破三地产业同质化竞争、发展不平衡的僵局，实现产业转移精准化和专业化发展，形成地区产业分工合理、上下

游产业链联动的产业协同发展格局。此外，京津冀三地还应极化和丰富自身特色功能：将北京打造成全国科技创新高地，引导和支持北京集聚和利用高端创新资源，打造我国技术创新总部聚集地、科技成果交易核心区和创新型人才聚集中心。天津要围绕"研发"来增强技术底蕴和创新资源，进一步加快全国先进制造研发基地建设。创新驱动、智能转型、绿色发展，带动高端产业和人才的聚集，产业功能和城镇功能得到进一步优化。河北紧紧抓住北京非首都功能集中承载地功能定位，积极承接北京外迁产业，着力在创新发展、城市治理、公共服务等方面先行取得突破。为了实现生态环境支撑区的定位，加大环境治理力度，促进制造产业结构转型升级。

（二）培育区域新的增长极

培育经济增长极是河北省加快发展的着力点。应依托石家庄、唐山、保定和邯郸四大节点城市，通过优化空间布局和产业结构，将优势资源进一步向这些城市集聚，加大基础设施和公共服务供给水平，吸引优质人才和北京、天津、东南沿海的产业向河北转移。河北省的其他新区，如曹妃甸新区、北戴河新区、渤海新区、冀南新区等，应通过完善这些地区的基础设施，改善投资环境，增强对产业和人口的吸引力，培养成带动河北经济发展的增长极，作为促进京津冀协同发展的重要举措。

通过培育新的区域增长极，在河北省形成抗衡京津双城极化效应的反磁力中心，弥补河北省内部不具有发达城市的缺陷，改变以往的河北资源要素向京津单向流动集聚的整体态势，降低京津两市的人口、环境以及交通等压力，实现区域产业良性互动，缩小河北与京津两市的经济社会发展差距，进而推进京津冀空间格局的优化，为推动京津冀协同发展做出重要贡献。

（三）打造若干都市圈

都市圈由起核心作用的中心城市加上周边中小城市组成，是城市群的重要支点，是"城市—都市圈—城市群"空间尺度的重要一环。纽约、东京等城市群的发展经验表明都市圈有助于扩大城市群中心城市的辐射能力，实现中心城市与周边城市基础设施一体化、公共服务共享、产业分工协作、市场统一、环境和人口融合。

京津冀协同发展可以针对城市群内部的分化，打造若干个都市圈。以北京为核心的包括雄安、廊坊、保定、承德、张家口的首都都市圈，以天津为核心的包括沧州、唐山、秦皇岛的海洋都市圈，以石家庄为核心的包括邢台、邯郸、衡水的冀中南都市圈。调整产业功能、人口承载功能，首都都市圈加强科技研发和成果转化基地、功能承接平台建设；海洋都市圈可大力发展沿海经济，加速推进建立天津北方经济中心的地位，积极承接金融机构、行政事业机构、科研教育机构、医疗机构和现代服务业等北京非首都功能的疏解；冀中南都市圈基于其原有工业及制造业的基础和资源优势，积极承接资源导向型产业、区域性物流和商贸基地、先进制造业等产业转移。

京津冀城市群目前基本形成了以京津为中心的"双城"城市空间格局，但城市规模体系存在明显"断层"，大城市数量偏少，中小城市数量虽然偏多但规模整体偏小，且一直发展十分缓慢。由于京津冀区域面积较大，"双城"难以完全带动周边区域的发展，城市群内河北省的部分城市经济实力较弱。同时，以北京为首的核心城市功能过于集聚导致了"城市病"等一系列问题。城市群内城市等级断层，不利于城市之间产业和创新的传导以及构建完整的跨区域产业链体系。要注重构建核心城市"点"的高度集中和生产、生活活动"面"水平分散的这种空间分散和内在联系相结合的有机整体，培育多中心结构。因此，加速新型城镇化建设促进中小城市发展，大中小城市协调发展，努力构建分工合理的城镇体系，实现城市等级规模结构扁平化、梯度化，促进京津冀多中心网络型城镇分布格局的形成，对于完善京津冀城市体系规模结构显得十分重要。

按照"一核、三城、三带、多节点"的空间结构，优化空间布局、发展智慧交通、构建人才平台，着力建设京津雄创新三角区，领航京津冀世界级城市群的建设。"一核"是指将北京作为京津冀城市群的核心，协同发展首要问题是优化提升首都核心功能、解决首都"大城市病"以及对非首都功能进行有效疏解。"三城"是指雄安新区、首都以及天津，作为带动京津冀城市群向世界级城市群发展的主要引擎。"三带"是指北京与天津、北京与雄安新区、天津与雄安新区之间的联动，是京津冀协同创新的主体框架。"多节点"是指发展若干个中小城市。未来重点是提升石家庄、唐山、保定、邯郸等大城市的经济质量，实现与北京和天津的接轨。以雄安、保定、廊坊等城市为核心，作为疏解非首都功能和京津产业转移的重要承载地，吸引京津冀人才转移，建设一批规模合理、生态宜居的卫星城市，使城市群发展呈现由点至线、由线至面的立体化均衡发展，推动网络型城市群的发展。

四、以北京科创中心为引领，完善区域创新体系

创新是一个国家和地区经济社会发展的根本动力，从地区层面来看，区域经济增长极和创新增长极在地理空间上高度重合。2016 年 6 月，国务院批复同意《京津冀系统推进全面创新改革试验方案》，强调应加强三地产业链、政策链、资金链、创新链的深度融合来提升协同创新水平，进而打造创新共同体。2019 年中央经济工作会议提出构建全国高质量发展的新动力源，推进京津冀协同发展，打造世界级创新平台和增长极。党的十三届全国人大四次会议审议通过的《中华人民共和国国民经济和社会发展第十四个五年规划和 2035 年远景目标纲要》突出强调创新在我国现代化建设全局中的核心地位。

创新也将是京津冀高质量发展最大的驱动力。由于受创新能力差距过大、高技术产业萎缩、金融环境欠佳等因素的制约，京津冀协同创新仍存在要素流动性较弱、创新链链接不足等"短板"，京津冀区域内科技成果转化和产业化能力相对薄弱。应推动科技创新与产业发展联动，继续强化三地创新链、产业链的优势互补，合力推进北京全国科技创新中心建设，发挥科创中心聚集与辐射效应。一是要提高科技创新能力，更加主动地融入京津冀科技创新网络；二是要加强科技研发，完善科技成果区域内转化和产业化链条，推进三地产业链和创新链有机深度融合，打造科技成果转移转化共同体，提升京津冀利用创新

成果培育发展新兴产业能力；三是要加强北京科技成果区域内转化能力。

以打造京津冀地区自主创新的重要源头和原始创新的主要策源地为目标，借鉴全球创新空间发展经验，结合国家创新驱动发展战略和区域协调发展战略，依托城市群内丰富的创新资源，着重完善科技创新顶层设计，明确京津冀科技创新战略定位，推动关键核心技术创新突破，加快科技成果转化，助力创新成果在京津冀产业化。联合实施一批重大科技基础设施与国家重大科技专项，以更多科技创新项目合作为纽带，共同打造区域协同的创新生态环境，对城市群之间的协同发展起到推动作用。北京继续围绕"研发"来增强技术底蕴和创新资源，突破科技创新体制机制障碍，明确三地科技需求，围绕产业链部署创新链，消除首都科技创新中的"孤岛现象"，经济功能、产业功能要与科技创新中心结合起来，有序疏解非首都功能，支持中关村科技创新资源的有序转移，最大限度地释放首都势能。构建技术引进、消化、吸收和再开发的高效运行机制，建设全国领先的创新型城市、产业创新中心和京津冀创新高地，不断提高科技创新效能及科技成果供给能力。

五、城市建设"以人为中心"，实现基本公共服务均等化

城市是一个多功能的综合体，生产、流通、科研、交通、教育、文化、居住、娱乐等功能一应俱全。[①]

住房、医疗卫生、社会保障、文化体育、教育以及环境保护等都属于基本公共服务的范畴。京津冀是我国公共服务资源最为密集的地区，但空间分布极不平衡，在北京市和天津市这两个地区聚集了大量的优质公共服务。河北省的公共服务水平跟这两个地区相比有很大的差距，主要是由于公共资源的分配不均。区域公共服务一体化有利于实现京津冀更高质量、更可持续一体化发展。推进京津冀基本公共服务标准化管理，以标准化促进基本公共服务均等化、便

---

① 蓝志勇. 雄安"新城"与京津冀城市群发展战略展望［J］. 国家行政学院学报，2018（1）：76 – 81.

利化。统筹考虑区域经济社会发展水平、城乡居民收入等因素，逐步提升基本公共服务保障水平。建设的重点领域具体包括：提升跨区域社会保障服务便利化水平、深化区域人力资源协作、持续开展劳动保障法治协作、加强区域养老服务合作、共同促进体育产业联动发展、共建高品质的世界著名旅游目的地以及强化区域食品安全管理等。通过创新城市间公共服务对接转续机制，探索构建区域公共服务平台，促进居民异地享受公共服务并便捷结算，实现区域公共服务便利共享。

构建区域城乡居民基本养老保险对接机制，实现养老保险关系转移接续和养老金资格认证认可。开展社会救助、社会养老等领域合作，建立社会福利共享机制。创新医疗卫生领域协同发展机制，扩大跨省异地就医直接结算联网定点医疗机构数量，加快实现县级行政区异地联网机构全覆盖。建立和完善公共卫生联防联控和信息共享机制，加强重大传染性疾病、突发公共卫生事件联防联控和相互支援。

以京津冀区域规划顶层设计为引领，根据三地的功能定位，解决好城市空间规划、规模结构、产业布局、服务设施、交通体系和生态环境等重大问题，在社会发展领域根据城市间人口流动和社会发展的实际需求，进行配套基础设施、公共服务和相关政策的有效对接，使城市具备科学规划能力、有效协调能力和综合治理能力。

参考文献

［1］Dai H，Chu Y. An analytical case study of government policy effects using synthetic control method：the Beijing－Tianjin－Hebei Collaborative Development Strategy［C］. Proceedings of the Fifteenth APEA Conference，2019.

［2］Hsiao C，Wan S K. Is there an optimal forecast combination？［J］. Economics，2014（178）：294－309.

［3］Kristian Behrens. International integration and regional inequalities：how important is national infrastructure？［J］. The Manchester School，2011（79）：952－971.

［4］Wan S K，Xie Y，Hsiao C. Panel data approach vs synthetic control method［J］. Economics Letters，2018（164）：121－123.

［5］安树伟，王瑞娟. 京津冀协同发展的三个难点问题［J］. 前线，2019（6）：57－60.

［6］安树伟，肖金成. 区域发展新空间的逻辑演进［J］. 改革，2016（8）：45－53.

［7］薄文广，陈飞. 京津冀协同发展：挑战与困境［J］. 南开学报（哲学社会科学版），2015（1）：110－118.

［8］蔡玉胜，吕静韦. 基于熵值法的京津冀区域发展质量评价研究［J］.

工业技术经济，2018，37（11）：67－74.

［9］曹然然．京津冀城市群经济一体化发展战略研究［D］．对外经济贸易大学硕士学位论文，2019.

［10］陈昌智．以体制机制改革推动京津冀协同发展［J］．经济与管理，2015，29（6）：5－6.

［11］陈晓雪，时大红．我国30个省市社会经济高质量发展的综合评价及差异性研究［J］．济南大学学报（社会科学版），2019，29（4）：100－113，159－160.

［12］陈焰，熊玉珍．中心外围论及对中国的实证分析［J］．国际贸易问题，2005（3）：10－15.

［13］丛屹，王焱．协同发展、合作治理、困境摆脱与京津冀体制机制创新［J］．改革，2014（6）：75－81.

［14］崔向华，王喆．探索体制机制创新　推进京津冀协同发展［J］．中国经贸导刊，2014（34）：19－23.

［15］崔志新，陈耀．京津冀协同发展的阶段成效与高质量发展对策［J］．城市，2019（3）：12－19.

［16］邸卫娜，吴园园．京津冀智慧城市群建设路径研究［J］．合作经济与科技，2020（1）：16－17.

［17］范恒山，孙久文，陈庆宣，等．中国区域协调发展研究［M］．北京：商务印书馆，2012.

［18］范如国．博弈论［M］．武汉：武汉大学出版社，2011.

［19］范少帅．城市群府际联席会机制的运行及其优化策略研究［D］．湘潭大学硕士学位论文，2019.

［20］方创琳，姚士谋，刘盛和．中国城市群发展报告［M］．北京：科学出版社，2011.

［21］方创琳．耗散结构理论与地理系统论［J］．干旱区地理，1989，12

（3）：51-56.

［22］方创琳．京津冀城市群协同发展的理论基础与规律性分析［J］．地理科学进展，2017（36）：15-24.

［23］方创琳．京津冀城市群一体化发展的战略选择［J］．改革，2017（5）：54-63.

［24］方创琳．科学选择与分级培育适应新常态发展的中国城市群［J］．中国科学院院刊，2015，30（2）：127-136.

［25］方创琳．中国城市群研究取得的重要进展与未来发展方向［J］．地理学报，2014，69（8）：1130-1144.

［26］封世蓝．京津冀协同发展的制约因素与改革路径［J］．天津行政学院学报，2020，22（5）：88-95.

［27］冯毅．《大国大城》视角下的京津冀都市圈［J］．新产经，2017（1）：95-96.

［28］弗朗索瓦·佩鲁．新发展观［M］．张宁，丰子义，译．北京：华夏出版社，1957.

［29］付京．区域经济发展中各利益主体的利益博弈及利益协调［J］．贵州社会科学，2010（11）：77-80.

［30］付玲．新区域主义视野下我国大都市区协作治理探析［J］．现代商贸工业，2017（17）：119-120.

［31］傅志华，石英华，封北麟，于长革．"十三五"推动京津冀协同发展的主要任务［J］．经济研究参考，2015（62）：89-100.

［32］高峰，刘志彪．产业协同集聚：长三角经验及对京津唐产业发展战略的启示［J］．河北学刊，2008（1）：142-146.

［33］高国力．如何优化区域协调发展战略布局［N］．学习时报，2020-02-24.

［34］高康．京津冀协同发展的政府作用研究［D］．中共吉林省委党校

（吉林省行政学院）硕士学位论文，2020.

［35］高远秀，姜阀．京津冀都市圈创新与经济高质量发展的协同路径研究
［J］．产业与科技论坛，2020，19（3）：28－29.

［36］关威．以高新技术产业链协作引领京津冀区域高质量协同发展［J］.
中国工程咨询，2019（6）：55－59.

［37］郭斌．京津冀都市圈科技协同创新的机制设计——基于日韩经验的借
鉴［J］．科学学与科学技术管理，2016，37（9）：37－48.

［38］赫尔曼·哈肯．信息与自组织［M］．郭治安，译．成都：四川教育
出版社，1988.

［39］胡九龙．深入理解京津冀协同发展战略［J］．前线，2019（7）：7－11.

［40］胡学勤．经济辐射理论与我国经济发展战略构想［J］．扬州大学学
报（人文社会科学版），2003（6）：66－70.

［41］黄润荣，任光耀．耗散结构与协同学［M］．贵阳：贵州人民出版
社，1988.

［42］姜文仙．区域协调发展的多元利益主体研究［J］．区域经济评论，
2015（1）：72－79.

［43］蒋向利．解读"京津冀一体化" 顶层设计 协同发展［J］．中国
科技产业，2015（8）：68－69.

［44］金鹿，王玲．京津冀打造世界级城市群发展研究——基于三大城市群
综合评价分析［J］．开发研究，2019（5）：53－58.

［45］兰学莉，温夫成，李英．京津冀城市群发展战略研究［J］．企业经
济，2009（9）：109－112.

［46］勒内·托姆．突变论：思想及应用［M］．周仲良，译．上海：上海
译文出版社，1989.

［47］李峰，韩静，孙丽文．经济新常态下京津冀产业协同与发展研究——
以电子信息制造产业为例［J］．河北工业大学学报（社会科学版），2015

（2）：9－16.

[48] 李国平，孙铁山，席强敏，等．京津冀协同发展报告［M］．北京：科学出版社，2019.

[49] 李昊，张田祥，李春晓，等．京津冀协同发展背景下交通一体化对区域经济发展的影响［J］．山西农经，2018（1）：17.

[50] 李磊，张贵祥．京津冀城市群发展质量评价与空间分析［J］．地域研究与开发，2017，36（5）：39－43，56.

[51] 李磊，张贵祥．京津冀城市群内城市发展质量［J］．经济地理，2015，35（5）：8，61－64.

[52] 李铁，李靖．京津冀一体化的误区与突破口［J］．中外管理，2014（8）：28.

[53] 李文增．保持高质量发展战略定力　承担天津在协同发展中的重要使命［J］．求知，2019（4）：10－12.

[54] 李文增．完善京津冀金融协同发展的体制机制研究［J］．产权导刊，2014（12）：47－50.

[55] 李永友．基于江苏个案的经济发展质量实证研究——兼与浙江、上海的比较分析［J］．中国工业经济，2008（6）：138－147.

[56] 连季婷．京津冀协同发展中的河北省经济策略研究［D］．东北财经大学博士学位论文，2015.

[57] 连玉明．试论京津冀协同发展的顶层设计［J］．中国特色社会主义研究，2014（4）：107－112.

[58] 梁德思．我国三大经济圈比较分析及展望［J］．知识经济，2017（17）：5－6.

[59] 梁昊光．促进京津冀区域协同发展的四个重点——学习习近平总书记系列重要讲话体会之五十四［J］．前线，2015（6）：3.

[60] 刘秉镰，王钺．京津冀、长三角与珠三角发展的比较及思考［J］．

理论与现代化，2020（3）：5 - 11.

［61］刘春霞．对京津冀 13 个城市发展质量的测评研究［J］．国家治理，2019（5）：3 - 23.

［62］刘舸，高舒锐．京津冀协同发展机制成长规律分析［J］．河北经贸大学学报（综合版），2015，15（4）：77 - 80.

［63］刘坤丽．长三角实践对京津冀基本公共服务建设的启示［J］．党政干部学刊，2018（6）：22 - 27.

［64］刘敏，王海平．京津冀协同发展体制机制研究——基于世界六大城市群的经验借鉴［J］．现代管理科学，2014（12）：67 - 69.

［65］刘晓博．大湾区，为何输给了京津冀、长三角［J］．特区经济，2020（8）：53 - 54.

［66］刘秀杰，万成伟，叶裕民．京津冀协同发展的制度困境与对策建议——以通州与北三县协同发展为例［J］．城市发展研究，2019，26（11）：5 - 10.

［67］刘雪芹，张贵．京津冀产业协同创新路径与策略［J］．中国流通经济，2015（9）：59 - 65.

［68］刘英奎．经济发展新棋局下京津冀发展的五大趋势［J］．区域经济评论，2014（4）：42 - 45.

［69］刘钰．长三角、珠三角与京津冀区域经济比较［J］．中国国际财经（中英文），2017（12）：22 - 23.

［70］刘志彪，徐宁，孔令池，等．长三角高质量一体化发展研究［M］．北京：中国人民大学出版社，2019.

［71］柳天恩，田学斌．京津冀协同发展：进展、成效与展望［J］．中国流通经济，2019，33（11）：116 - 128.

［72］卢梦甜，张凯选．京津冀城市群空间集聚与扩散发展态势［J］．测绘与空间地理信息，2018，41（1）：121 - 125.

［73］鲁邦克，邢茂源，杨青龙．中国经济高质量发展水平的测度与时空差异分析［J］．统计与决策，2019，35（21）：113－117.

［74］鲁勇威，张颖．京津冀协同发展的区域一体化［J］．前线，2020（1）：63－65.

［75］陆铭．城市、区域和国家发展——空间政治经济学的现在与未来［J］．经济学（季刊），2017，16（4）：1499－1532.

［76］吕稼欢，范文强．基于 VAR 模型的区域交通运输需求与 GDP 的关系实证分析［J］．交通科技与经济，2016（4）：52－55，61.

［77］吕翔．京津冀地区协同体制机制建设研究［J］．中国物价，2016（10）：76－78.

［78］吕翔．区域冲突与合作及制度创新研究——以京津冀地区为例［D］．南开大学博士学位论文，2014.

［79］吕媛，徐晶．基于政府与市场关系的京津冀协同发展机制研究［J］．现代营销（下旬刊），2016（10）：175－176.

［80］罗鹏．协同发展背景下京津冀经济发展质量研究［D］．河北经贸大学硕士学位论文，2020.

［81］马茹，罗晖，王宏伟，王铁成．中国区域经济高质量发展评价指标体系及测度研究［J］．中国软科学，2019（7）：60－67.

［82］米锦欣．世界城市群视角下中国三大经济圈的特征比较［J］．商业经济研究，2017（13）：173－177.

［83］明文彪．构筑高质量发展的强劲增长极——2019 年长三角一体化五大亮点［J］．浙江经济，2019（24）：26－27.

［84］齐婧．"京津冀"的前五年与后五年［J］．中国房地产，2019（11）：10－13.

［85］祁琪．全球气候治理中的中国角色——巴黎气候大会后记［J］．中国生态文明，2015（4）：76－79.

［86］任保平，文丰安．新时代中国高质量发展的判断标准、决定因素与实现途径［J］．改革，2018（4）：5－16.

［87］沈玉芳，刘曙华，张婧，等．长三角地区产业群、城市群和港口群协同发展研究［J］．经济地理，2010（5）：778－783.

［88］石敏俊．现代区域经济学［M］．北京：科学出版社，2015.

［89］宋立楠．京津冀产业协同发展的动力机制研究——基于协同学的视角［J］．河北地质大学学报，2017（1）：102－107.

［90］宋立楠．京津冀产业协同发展研究［D］．中共中央党校博士学位论文，2017.

［91］孙虎军．服务京津冀协同发展大局　奋力推动天津高质量发展［J］．求知，2020（8）：17－20.

［92］孙久文，姚鹏．京津冀产业空间转移、地区专业化与协同发展——基于新经济地理学的分析框架［J］．南开学报（哲学社会科学版），2015（1）：81－89.

［93］孙久文．京津冀合作难点与陷阱［J］．人民论坛，2014（13）：34－37.

［94］孙久文．京津冀世界级城市群的现状研判与发展建议［J］．理论与现代化，2020（4）：31－37.

［95］孙明华．京津冀协同发展：新阶段　新使命　新任务［J］．求知，2019（5）：8－11.

［96］谈绪祥．扎实推动京津冀协同发展向纵深迈进［J］．旗帜，2019（6）：38－39.

［97］唐少清，姜鹏飞．基于京津冀一体化视角下的都市圈比较分析［J］．中共青岛市委党校．青岛行政学院学报，2014（5）：15－19，58.

［98］田学斌．京津冀协同发展的基本诱因、重大任务与政策创新［J］．中共石家庄市委党校学报，2015，17（8）：8－12.

［99］王德利．京津冀协同发展新思路［J］．开放导报，2018（3）：

109 – 112.

[100] 王红彦. 新时代京津冀旅游高质量发展的路径探析 ［N］. 中国旅游报，2018 – 08 – 31.

[101] 王宏斌. 制度创新视角下京津冀生态环境协同治理 ［J］. 河北学刊，2015，35（5）：125 – 129.

[102] 王坤岩，臧学英. 以体制机制创新深入推动京津冀协同发展 ［J］. 中国发展观察，2019（Z1）：74 – 76，93.

[103] 王双，董微微. 深入推动京津冀协同发展的思路与举措 ［J］. 求知，2019（2）：13 – 15.

[104] 王雪莹. 基于协同理论的京津冀协同发展机制研究 ［D］. 首都经济贸易大学硕士学位论文，2016.

[105] 王玉梅，胡宝光. 论经济增长质量之内涵 ［J］. 市场论坛，2004（5）：24 – 25.

[106] 王战. 百年大变局下的中国"十四五" ［J］. 中国经贸导刊，2019（24）：21 – 22.

[107] 王喆，周凌一. 京津冀生态环境协同治理研究——基于体制机制视角探讨 ［J］. 经济与管理研究，2015，36（7）：68 – 75.

[108] 魏后凯，等. 中国区域协调发展研究 ［M］. 北京：中国社会科学出版社，2015.

[109] 魏丽华. 城市群协同发展的内在因素比较：京津冀与长三角 ［J］. 改革，2017（7）：86 – 96.

[110] 文魁，祝尔娟. 京津冀区域一体化发展报告（2012）［M］. 北京：社会科学文献出版社，2012.

[111] 吴良镛. 大北京地区空间发展规划遐想（续）［J］. 北京规划建设，2001（2）：9 – 12.

[112] 伍文中，雷光宇，李瑞，等. 京津冀经济圈产业竞争力研究 ［M］.

北京：经济科学出版社，2013.

［113］伍新木，高鑫．区域经济发展"双倒 U 型假说"——对倒 U 型理论的完善与发展［J］．理论月刊，2006（4）：63－66.

［114］武义青，李泽升．京津冀城市群经济密度的时空分异研究——兼与长三角、珠三角城市群的比较［J］．经济与管理，2015，29（3）：17－22.

［115］习近平：推动京津冀协同发展取得新的更大进展［J］．天津中德应用技术大学学报，2019（1）：6.

［116］向佳．京津冀都市圈的优势与劣势探讨——京津冀、长三角、珠三角的比较分析［J］．现代商贸工业，2014，26（20）：14－15.

［117］肖金成，李博雅．京津冀协同：聚焦三大都市圈［J］．前线，2020（8）：59－65.

［118］邢华．推动京津冀优势互补高质量发展［J］．前线，2020（3）：61－64.

［119］徐明．多措并举推进京津冀协同发展［J］．北京观察，2017（5）：48－49.

［120］颜晓峰．推动京津冀协同发展的战略思维［J］．中国房地产，2019（11）：18－21.

［121］颜烨，卢芳华．长三角、珠三角与京津冀的发展比较与思考［J］．北京行政学院学报，2014（5）：73－78.

［122］杨保军．国际视野下关于京津冀协同发展的几点建议［J］．建筑实践，2019（10）：8－13.

［123］杨丞娟．圈域经济发展中的公共品供给问题研究：以武汉城市圈为例［M］．成都：西南财经大学出版社，2018.

［124］杨丞娟．中国圈域经济形成和发展的动力机制——本土化的补充解释［J］．走向社会科学，2019（7）：89－94.

［125］杨帆，陈广坤．比较中看发展：中国四大经济区经济实力透视

［J］. 四川省情，2020（7）：16 – 19.

　　［126］杨其静. 科斯主义企业理论及其超越［J］. 经济学动态，2004（10）：31 – 35.

　　［127］杨晴晴. 京津冀城市群要素流动偏好及回流效应分析［D］. 天津理工大学硕士学位论文，2018.

　　［128］杨新洪. "五大发展理念"统计评价指标体系构建——以深圳市为例［J］. 调研世界，2017（7）：3 – 7.

　　［129］杨宇，戚伟，马丽，刘毅. "十四五"期间建设世界级城市群的人口功能优化布局［J］. 中国科学院院刊，2020，35（7）：835 – 843.

　　［130］姚东旭. 京津冀协同创新是否存在"虹吸效应"——基于与珠三角地区对比分析的视角［J］. 经济理论与经济管理，2019（9）：89 – 97.

　　［131］叶堂林，李国梁. 体制机制创新：京津冀协同发展的制度保障［N］. 学习时报，2019 – 03 – 11.

　　［132］尹金宝. 京津冀区域治理与三位一体机制设计研究［D］. 河北工业大学硕士学位论文，2015.

　　［133］尹来盛. 政府碎化与经济增长——基于京津冀、长三角、珠三角的经验研究［J］. 甘肃行政学院学报，2015（3）：96 – 102，128.

　　［134］尹向来. 城市群内部协同发展比较研究［D］. 山东师范大学硕士学位论文，2019.

　　［135］余惠煜，廖明，唐亚林. 长三角经济社会协同发展与区域治理体系优化［M］. 上海：复旦大学出版社，2014.

　　［136］郁鹏. 京津冀城市群利益协调与互动合作机制研究［J］. 经济论坛，2017（6）：14 – 19.

　　［137］袁刚，张小康. 政府制度创新对区域协同发展的作用：以京津冀为例［J］. 生态经济，2014，30（12）：27 – 30.

　　［138］苑泽明，王子健. 提升知识产权治理能力服务京津冀协同发展

［J］．理论与现代化，2020（4）：56－63．

［139］在京津冀协同发展论坛上　三地领导谈协同发展［J］．中国经济周刊，2014（46）：34－35．

［140］臧学英，罗琼．推动京津冀地区成为全国高质量发展的新动力源［J］．理论与现代化，2020（2）：91－99．

［141］张军扩．促进京津冀协同发展，打造世界级城市群［J］．中国发展观察，2015（9）：8－10，13．

［142］张黎黎．京津冀协同发展视角下产业融合发展机制研究［D］．兰州财经大学硕士学位论文，2019．

［143］张丽伟．中国经济高质量发展方略与制度建设［D］．中共中央党校博士学位论文，2019．

［144］张士杰，陈洁．安徽省经济发展质量评价及时空演化［J］．合肥学院学报（社会科学版），2014，31（1）：59－64．

［145］张涛．高质量谋划京津冀协同发展［J］．北京观察，2019（9）：34－35．

［146］张菀航．京津冀协同发展五年：凝聚高质量发展的强大合力［J］．中国发展观察，2019（22）：19－21．

［147］张学良．中国交通基础设施促进区域经济增长吗？——兼论交通基础设施的空间溢出效应［J］．中国社会科学，2012（3）：60－77，206．

［148］张耀军．京津冀崛起十大挑战［J］．人民论坛，2014（13）：22－25．

［149］赵国钦，宁静．京津冀协同发展的财政体制：一个框架设计［J］．改革，2015（8）：77－83．

［150］赵弘．习近平京津冀协同发展思想的内涵和意义［J］．前线，2018（3）：13－17．

［151］赵青霞，夏传信，施建军．科技人才集聚、产业集聚和区域创新能力——基于京津冀、长三角、珠三角地区的实证分析［J］．科技管理研究，

2019, 39 (24)：54 - 62.

[152] 赵展慧. 京津冀"十三五"规划印发 [J]. 现代企业, 2016 (2)：40.

[153] 钟茂初. 以绿色发展理念推进京津冀协同发展 [J]. 群言, 2019 (3)：7 - 10.

[154] 周黎安. 晋升博弈中政府官员的激励与合作——兼论我国地方保护主义和重复建设问题长期存在的原因 [J]. 经济研究, 2004 (6)：34.

[155] 周艳, 钟昌标. 大湾区"三群"联动协调发展的动力机制与促进政策 [J]. 经济体制改革, 2020 (2)：46 - 52.

[156] 祝合良, 叶堂林, 张贵祥. 京津冀蓝皮书：京津冀发展报告 [M]. 北京：社会科学文献出版社, 2018.